Symbole
- 1 Hörtext
- Partnerarbeit
- Gruppenarbeit
- P Prüfungsaufgabe
- Tipp/Info

1 Dienstleistung

Mitarbeiterin → Kunden

1 Nachrichten auf dem Anrufbeantworter verstehen und notieren

a **Was sind die Aufgaben eines Hausmeisters? Welche kennen Sie? Sprechen Sie.**

b **Lesen Sie die Anzeige und die Sprechblasen. Beantworten Sie die Fragen.**

Hausmeisterservice Holger Haak
Wir betreuen über 100 Objekte.
Rund um Haus oder Firma sind WIR FÜR SIE da
Tel.: 0228-3600 004
www.hausmeister-haak.de

1. Wie viele Kunden hat der Hausmeisterservice?
   (a) nur einen Kunden
   (b) mehr als 100 Kunden
2. Was hört die Mitarbeiterin auf dem Anrufbeantworter?
   (a) Die Anruferin will, dass jemand in die Firma kommt.
   (b) Die Anruferin will schnell vorbeikommen.

2–5 **c** **Hören Sie die Nachrichten auf dem Anrufbeantworter. Ordnen Sie die Nachrichten den Bildern zu.**

(A) ☐

(B) ☐

(C) ☐

(D) ☐

2–5
P **d** **Hören Sie noch einmal. Entscheiden Sie, ob die Aussagen 1–4 richtig (+) oder falsch (–) sind.**

1. Frau Götting steckt im Aufzug fest. ☐
2. Herr Meisner will über den Winterdienst sprechen. ☐
3. Ein Rauchmelder in der Firma „Yilmaz und Block" ist kaputt. ☐
4. Frau Schumann möchte ihre Wohnung renovieren. ☐

2–5 **e** **Hören Sie noch einmal. Schreiben Sie zu zwei Nachrichten die Telefonnotiz.**

Telefonnotiz	Telefonnotiz	Telefonnotiz
Anrufer/in ______	Anrufer/in ______	Anrufer/in *Frau Yilmaz*
______	______	*FA. Yilmaz + Block*
Telefon-Nr. ______	Telefon-Nr. ______	Telefon-Nr. ______
Anrufer/in … ☐ ruft wieder an ☐ kommt vorbei ☐ schickt E-Mail ☐ Sonstiges	**Anrufer/in …** ☐ ruft wieder an ☐ kommt vorbei ☐ schickt E-Mail ☐ Sonstiges	**Anrufer/in …** ☐ ruft wieder an ☐ kommt vorbei ☐ schickt E-Mail ☐ Sonstiges
bittet um … ☐ Rückruf ☐ Kenntnisnahme ☐ Erledigung ☐ Besuch ☐ Sonstiges	**bittet um …** ☐ Rückruf ☐ Kenntnisnahme ☐ Erledigung ☐ Besuch ☐ Sonstiges	**bittet um …** ☐ Rückruf ☐ Kenntnisnahme ☐ Erledigung ☒ Besuch ☐ Sonstiges
Kommentar: ______	Kommentar: ______	Kommentar: *1 Rauchmelder in der Buchhaltung defekt, möglichst bald*

f **Sprechen Sie Nachrichten auf den Anrufbeantworter vom Hausmeisterservice Haak. Ihr Partner / Ihre Partnerin schreibt eine Telefonnotiz wie in 1e.**

Sie sind Herr/Frau Knauf, Tel. 0155-3222067. Sie können Ihre Haustür nicht öffnen (Grund?) und möchten, dass sofort jemand kommt (Wer?).

Sie sind Herr/Frau Gül, Tel. 069-5555922. Sie möchten, dass Herr Haak Sie anruft. Es geht um einen neuen Auftrag (Welchen?).

Sie sind Herr/Frau Mai, Tel. 079-95438. Aus der Nachbarwohnung riecht es nach Rauch (Warum?). Sie informieren den Hausmeisterservice.

Ihre Idee

Linie 1

Beruf B1

Regine Grosser
Susan Kaufmann

Ernst Klett Sprachen
Stuttgart

Von
Regine Grosser
Susan Kaufmann

Projektleitung und Redaktion: Annalisa Scarpa-Diewald
Gestaltungskonzept und Layout: Britta Petermeyer, Snow, München und Nürnberg
Satz und Repro: Franzis print & media GmbH, München
Umschlaggestaltung: Studio Schübel, München
Coverfoto: shutterstock (Ebtikar) und (Minerva Studio)
Illustrationen: Hans-Jürgen Feldhaus, Feldhaus Text & Grafik, Münster

Für die Audios:
Tonstudio: Plan 1, München
Aufnahme: Christoph Tampe, Lukas Probst und Toni Nirschl, Mischung: Christoph Tampe
Sprecher und Sprecherinnen: Ulrike Arnold, Markus Brendel, Marco Diewald, Philipp Hayoz, Florian Hoppe, Sabine Hoppe, Carlotta Immler, Veronika Immler, Annette Kretschmer, Louis Kübel, Rainald Laurer, Felice Lembeck, Christof Lenner, Florian Marano, Alma Naidu, Anna Preyss, Ulrich Scharmer, Anja Schümann, Benjamin Stadler, Florian Stierstorfer, Anja Straubhaar, Helge Sturmfels, Peter Veit, Sabine Wenkums

Fotomodelle: Carlotta Immler, Veronika Immler, Ömer Kalayci, Benno Kilimann, Annette Kretschmer, Christof Lenner, Sandra Singh, Helge Sturmfels

Audio-Dateien zum Download unter www.klett-sprachen.de/linie1/audioB1 **Code: L1-B1b/AU**
Wortlisten zu vielen Berufen unter www.klett-sprachen.de/linie1/wortlisten

Zu diesem Buch gibt es Audios, die mit der Klett-Augmented-App geladen und abgespielt werden können.

Klett-Augmented-App kostenlos downloaden und öffnen	Bilderkennung starten und **Seiten mit Audios** scannen	Audios laden, direkt nutzen oder speichern

Scannen Sie diese Seite für weitere Komponenten zu diesem Titel.

Besuchen Sie uns auch im Internet: www.klett-sprachen.de/linie1

1. Auflage 1 5 4 3 | 2022 21 20

Druck und Bindung: Elanders GmbH, Waiblingen

ISBN 978-3-12-607103-1

Wortschatz **Verbinden Sie. Die Wörter rechts helfen.**

Der Anrufer / Die Anruferin …

1. die Erledigung
2. der Rückruf
3. die Kenntnisnahme
4. Sonstiges

a) möchte, dass jemand zurückruft.
b) möchte, dass jemand etwas tut.
c) hat einen anderen Wunsch.
d) hat eine Information.

Leicht verwechselbare Wörter ***anrufen*** **oder** ***telefonieren*****? Ergänzen Sie.**

Ich muss ihn gleich anrufen.
Hoffentlich ist er da.
jemanden anrufen (Akkusativ)

Er telefoniert stundenlang mit seiner Freundin.
mit jemandem telefonieren (*mit* + Dativ)

1. Herr Müller hat mich vor einer Stunde ……………………………………………….
2. Ich habe gerade mit ihm ……………………………………………….

Redemittel **Verbinden Sie.**

So sagt es der Anrufer.

1. Ich rufe später nochmal an.
2. Ich komme zu Ihnen.
3. Ich schicke Ihnen eine E-Mail.
4. Bitte rufen Sie mich zurück.
5. Ich möchte Sie nur informieren, dass …
6. Bitte erledigen Sie das.
7. Ich möchte mich mit Ihnen treffen.

So notiert man es in der Telefonnotiz.

a) kommt vorbei
b) bittet um Erledigung
c) schickt E-Mail
d) bittet um Treffen
e) ruft wieder an
f) bittet um Rückruf
g) bittet um Kenntnisnahme

Berufssprache **Nomen auf** ***-er*****, die von Verben kommen – Ergänzen Sie. Kennen Sie noch andere Wörter wie diese?**

Mitarbeiter Anrufbeantworter Rauchmelder Krankenpfleger Anrufer Besucher

1. Er/Sie arbeitet mit. *der/die Mitarbeiter/in*
2. Er meldet Rauch. ……………………………………
3. Er/Sie ruft jemanden an. ……………………………………
4. Er beantwortet einen Anruf. ……………………………………
5. Er/Sie besucht jemanden. ……………………………………
6. Er/Sie pflegt Kranke. ……………………………………

Personen und Berufsbezeichnungen auf *-er* bilden feminin mit *-in*: der Mitarbeiter, die Mitarbeiterin

Ich kenne noch „Fußballspieler“ oder „Fußballspielerin“. Er oder sie spielt Fußball.

Schreiben **Schreiben Sie kurze Nachrichten zu Ihren Telefonnotizen in 1e.**

Frau Yilmaz von der Firma Yilmaz+Block hat angerufen. Sie möchte, dass jemand bald vorbeikommt. Ein Rauchmelder in der Buchhaltung ist kaputt.

der Anrufer, – / die Anruferin, -nen die Person, die mit jemandem telefonieren will

die Erledigung, -en jemand soll etwas tun, fertig machen → erledigen

feststecken etwas/jemand bewegt sich nicht mehr, z. B. wenn der Aufzug nicht fährt

der Hausmeister-Service (Sg.) eine Firma, die Häuser, Firmen, Schulen usw. putzt oder Reparaturen organisiert

die Kenntnisnahme (Sg.) Jemand bekommt eine Information.

das Objekt, -e eine Sache, *hier:* ein Haus oder eine Firma

der Rauchmelder, –

Sonstiges (Sg.) in Formularen: etwas, was nicht in der Liste steht

die Telefonnotiz, -en eine schriftliche Notiz zu einem Anruf

der Winterdienst (Sg.) jemand macht Wege, Straßen usw. frei von Schnee

2 Sich im Betrieb orientieren

a Lesen Sie die Sprechblasen. Beantworten Sie die Fragen.

1. Was soll Nicole tun?
2. Warum kann Holger Haak nicht selbst zu Yilmaz und Block fahren?
3. Wo ist der defekte Rauchmelder?
4. Wo bekommt Nicole die Information, wo die Buchhaltung ist?

6 **b Hören Sie. Kreuzen Sie an: richtig oder falsch? Korrigieren Sie die falschen Aussagen.**

	R	F
1. Nicole geht zum Empfang.	☐	☐
2. Frau Michalski ist schon über den defekten Rauchmelder informiert.	☐	☐
3. Die Buchhaltung ist in einem anderen Gebäude.	☐	☐
4. Nicole kann auch den Aufzug nehmen.	☐	☐
5. Die Buchhaltung liegt neben der Personalabteilung.	☐	☐
6. Nicole kann danach gleich wieder zurück in ihr Büro gehen.	☐	☐

6 **c Hören Sie noch einmal und sehen Sie den Plan an. Wo findet das Gespräch statt?**

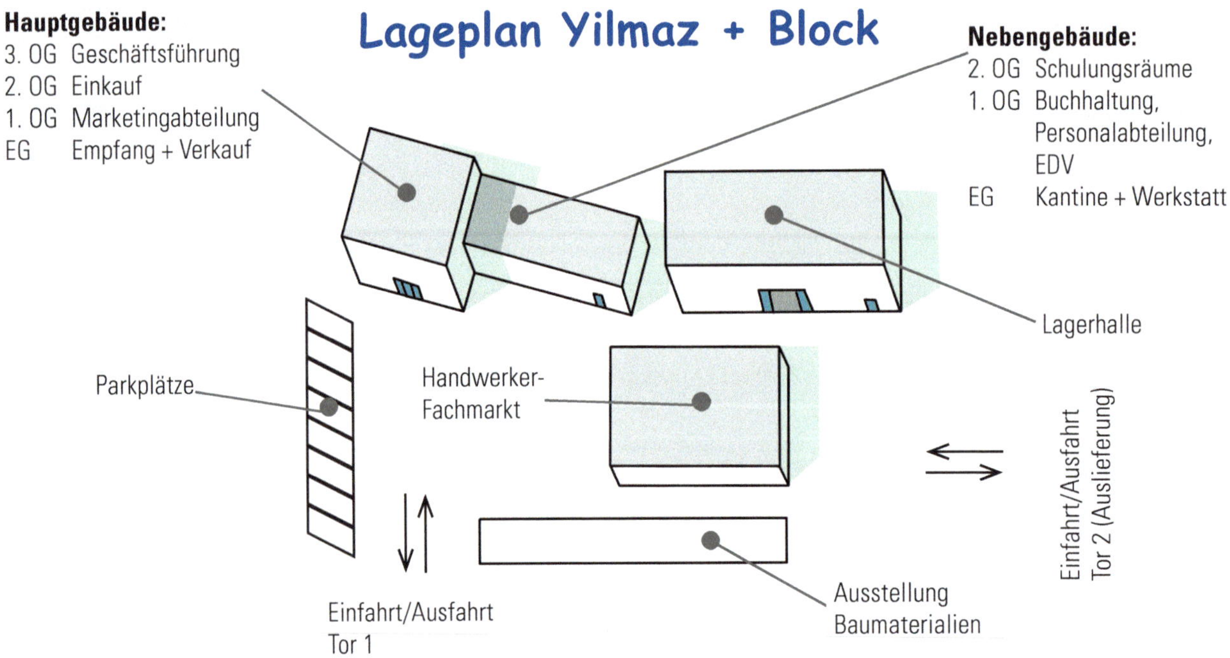

d Kettenspiel – Wo finden Sie was bei Yilmaz und Block? Fragen und antworten Sie.

Wo finde ich die Kantine?

Im Nebengebäude im Erdgeschoss.

Wo ist die Ausstellung?

e Fragen Sie am Empfang nach dem Weg. Spielen Sie Dialoge.

Sie haben heute ein Vorstellungsgespräch in der Werkstatt.	Sie möchten an einer Fortbildung teilnehmen, die in Schulungsraum 3 stattfindet.	Sie wissen nicht, wo die Einfahrt für Lieferanten ist.	Ihre Idee 

Wortschatz **Ergänzen Sie die Abteilungen und Räume. Die Wörter rechts helfen.**

1. Hier kann man die neuen Produkte anschauen: *in der Ausstellung* ....
2. Hier finden Fortbildungen statt: ....
3. Hier geht es um Geld: ....
4. Hier sitzt der Chef / die Chefin: ....
5. Hier planen die Mitarbeiter die Werbung: ....

Strukturen ***Wohin*** **oder** ***wo*****? Schreiben Sie Richtungsangabe und Ortsangabe.**

	Bitte gehen Sie ... (wohin? – Akkusativ)	Der Kollege ist ... (wo? – Dativ)
1. die Kantine	*in die Kantine*	*in der Kantine*
2. das Hauptgebäude	....	....
3. der Schulungsraum	....	....
4. die Buchhaltung	....	....
5. der Fachmarkt	....	....

Redemittel **Wegbeschreibung – Ergänzen Sie.**

Wie komme ich zur Kantine? ~~Ich suche Herrn Schulz.~~ Wo finde ich Frau Hanna?

Können Sie mir sagen, wo Zimmer 104 ist? Wo genau muss ich hin?

1. ● *Ich suche Herrn Schulz.*
   ○ Herr Schulz sitzt im Hauptgebäude, 3. Stock.
2. ● ....
   ○ Nehmen Sie den Aufzug in den 2. Stock. Sie ist in Zimmer 205.
3. ● ....
   ○ Gehen Sie rechts um die Ecke, dann geradeaus und durch die Glastür.
4. ● ....
   ○ Zimmer 104 liegt direkt neben dem Aufzug links.
5. ● ....
   ○ Sie müssen in die Personalabteilung im Nebengebäude, 1. Stock.

Berufssprache **Abkürzungen – Schreiben Sie die passende Abkürzung.**

~~EG~~ r. Whg. OG l. P

1. Erdgeschoss = *EG* 3. links = ... 5. Obergeschoss = ...

2. Wohnung = ... 4. rechts = ... 6. Parkplatz = ...

Schreiben **Orientierung an Ihrem Kursort – Schreiben Sie eine Frage. Eine andere Person schreibt eine Antwort.**

Gibt es hier irgendwo einen Tee?

Links neben dem Eingang steht ein Getränkeautomat.

---

die Ausstellung, -en *hier:* die Abteilung, wo man neue Produkte ansehen kann

die Buchhaltung, -en die Abteilung, die Einnahmen/Ausgaben notiert, kontrolliert und z. B. Rechnungen zahlt

der Einkauf, ¨-e *hier:* die Abteilung, die Produkte und Arbeitsmittel einkauft

der Empfang, ¨-e *hier:* der Eingang in einer Firma

der Fachmarkt, ¨-e ein Geschäft mit Waren aus einer Branche

das Firmengelände, – das Stück Land, wo die Firma ihre Häuser und Anlagen hat

die Geschäftsführung, -en Leiter/in einer Firma; Büros der Leiter/innen

das Hauptgebäude, – größtes Haus in einer Gruppe von Häusern → das Gebäude

die Marketingabteilung, -en Abteilung für Werbung

das Nebengebäude, – kleineres Haus in einer Gruppe von Häusern

die Personalabteilung, -en Abteilung für Einstellungen, Verwaltung, Weiterbildung von Mitarbeitern → das Personal

der Schulungsraum, ¨-e Raum, wo Schulungen und Kurse für die Mitarbeiter stattfinden

das Tor, -e große Öffnung in Gebäuden oder Mauern

der Verkauf, ¨-e *hier:* die Abteilung, die sich um den Verkauf kümmert

3 Ausgeführte Tätigkeiten dokumentieren

a Sehen Sie die Bilder an. Stellen Sie Warum-Fragen und antworten Sie.

A ☐

B ☐

C ☐

D ☐
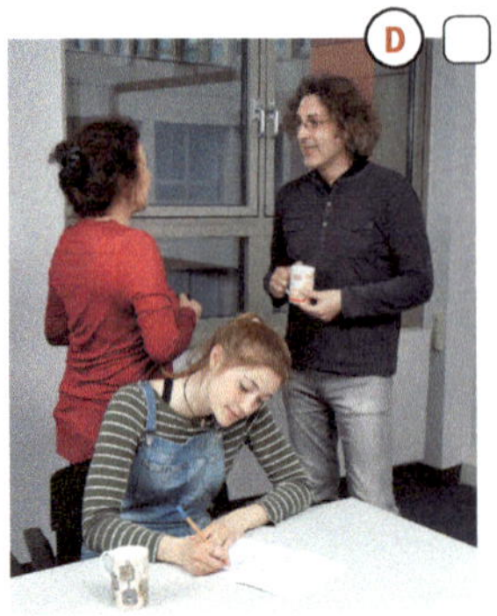

7 **b Hören Sie. Streichen Sie die Wörter, die nicht passen.**

1. Der Rauchmelder befindet sich in der Buchhaltung / ~~in der Personalabteilung~~.
2. Rauchmelder sind in Privathaushalten / in Firmen Pflicht.
3. Herr Block will nicht, dass die Akten / die Vorhänge verbrennen.
4. Der Rauchmelder ist sauber / verschmutzt.
5. Nicole wechselt die Batterie / das Gerät aus.
6. Nicole schreibt ins Wartungsheft / in ihr Handy.

7 **c Nicole trägt die Informationen ins Wartungsheft ein. Hören Sie noch einmal. Kreuzen Sie die richtige Information an.**

Inspektion und Wartung

☐ Funktionstest ausgeführt
☐ Lautstärke überprüft
☐ Gerät gereinigt
☐ Batterie gewechselt
☐ Gerät ausgetauscht

Verschmutzung
☐ schwach
☐ mittel
☐ stark

____
Datum

____
Unterschrift

Lage Rauchmelder

☐ Schlafzimmer
☐ Kinderzimmer
☐ Küche
☐ Büro

Fläche: ____________ m^2
Höhe: ____________ m

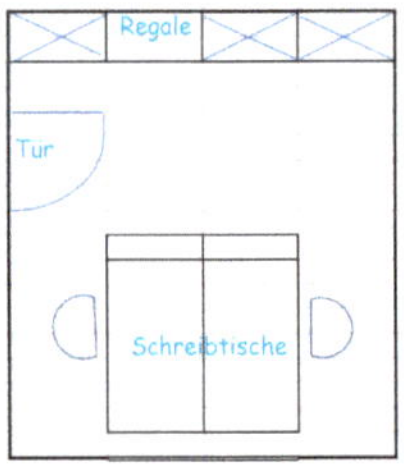

d Wo genau sitzt der Rauchmelder? Markieren Sie mit einem Punkt im Plan in 3c.

e Was hat Nicole wo gemacht? Bilden Sie Sätze. Ergänzen Sie die Artikel und die Präpositionen.

1. installieren / Lampe / an Decke / über Tür
2. reparieren / Heizung / rechte Wand
3. erneuern / Fliese / Bad / neben Fenster links
4. auswechseln / Batterie / in Sprechanlage
5. abstellen / Wasser / linke Seite / vom Haus

Sie hat die Lampe an der Decke über der Tür installiert.

Ortsangaben
an der rechten/linken Wand
hinter/über der Tür rechts/links
neben dem Fenster rechts/links
vor dem Schreibtisch
an der rechten Seite (vom … / von der …)
in der Mitte (vom … / von der …)

f Schreiben Sie Kärtchen mit Gegenständen, Ortsangaben und Tätigkeiten. Legen Sie alle Kärtchen aus. Wählen Sie drei Kärtchen und bilden Sie einen Satz.

unter dem Fenster | installieren | der Rauchmelder | an der Decke | kontrollieren | die Heizung

Ich habe die Heizung unter dem Fenster kontrolliert.

Wortschatz **Ergänzen Sie. Die Wörter rechts helfen.**

Die (1) S*prechanlage* .... neben dem Eingang funktioniert nicht richtig. Die (2) L.................... ist viel zu schwach. Das Gerät ist außerdem sehr (3) V..................... Der Hausmeister reinigt das Gerät, wechselt die (4) B.................... und macht einen (5) F..................... Jetzt funktioniert alles wieder.

Leicht verwechselbare Wörter ***sehr* oder *viel*?**
Ergänzen Sie.

1. Nicole hat .... Glück mit ihrer Stelle.
2. Deshalb lacht sie ....
3. Die Batterie ist .... schwach.
4. Der Rauchmelder stört ....
5. Wir bezahlen .... Geld.
6. Wir wollen, dass alles .... gut funktioniert.

Sehr steht vor Adjektiven oder vor/nach Verben:
Das Gerät ist sehr laut.
Das stört sehr. (≈ stark)

Viel steht vor Nomen oder nach einem Verb:
Frau Yilmaz hat viel Arbeit.
Sie arbeitet viel. (≈ oft)

Berufssprache **Nomen auf *-ung*, die von Verben kommen – Schreiben Sie die Nomen. Welche kennen Sie noch?**

1. verschmutzen
2. reinigen
3. ausbilden
4. erklären
5. das Geschäft führen
6. einen Weg beschreiben
7. den Lohn abrechnen
8. einen Termin vereinbaren

Wörter mit der Endung *-ung* haben den Artikel *die*.

1. verschmutzen – die Verschmutzung

Ich kenne noch das Wort „Bedeutung“. Es kommt von „bedeuten“.

Schreiben **Holger Haak schreibt an Nicole. Nicole schreibt zurück. Schreiben Sie beide Nachrichten.**

Sag Bescheid, wann du wieder da bist. Hallo Nicole, Gruß

bist du noch nicht fertig mit dem Rauchmelder? Ich brauche dich hier.

Holger Was machst du denn da so lange?

Ich prüfe sie gerade ich habe den Rauchmelder ausgewechselt, aber Gruß

Nicole und bin um ca. 14:30 wieder da. ich bin hier trotzdem noch nicht fertig:

Hallo Holger, Die Heizung im Büro von der Chefin funktioniert auch nicht richtig.

Hallo Nicole,
bist du noch nicht ...
...
Holger

Hallo Holger,
ich habe den ...
...
Nicole

die Batterie, -n

der Funktionstest, -s ein Test, ob ein Gerät gut funktioniert

die Inspektion, -en eine Besichtigung und Prüfung

die Lautstärke (Sg.)

die Pflicht, -en etwas, was man tun muss, weil es z. B. ein Gesetz, eine Vorschrift oder eine Erwartung gibt

die Sprechanlage, -n

verbrennen

verschmutzt nicht sauber → die Verschmutzung

die Wartung, -en die Überprüfung und Pflege von einem Gerät → das Wartungsheft

Mitarbeiterin – Kunde

4 Sich beschweren

8 **a Hören Sie das Telefongespräch. Kreuzen Sie an.**

1. Herr Meisner ist ein neuer Kunde.

   Richtig   Falsch

2. Warum möchte Herr Meisner mit Herrn Haak sprechen?
   (a) Er hat eine Frage zu seiner Rechnung.
   (b) Er ist nicht zufrieden mit dem Hausmeisterservice.
   (c) Er will, dass ein Mitarbeiter Schnee und Eis beseitigt.

b Herr Haak hat sich zum Gespräch Notizen gemacht. Lesen Sie und klären Sie gemeinsam die grünen Wörter.

- Wir machen für die Sophie-Scholl-Schule den Winterdienst.
- Herr Meisner (Direktor) ist nicht zufrieden und hat eine Beschwerdemail geschickt. Er beschwert sich über Herrn Romero und ist sehr verärgert.
- Er will, dass von 7 bis 20 Uhr alle Wege frei von Eis und Schnee sind.
- Das ist ein Missverständnis! Im Vertrag steht, dass der Winterdienst am Sonntag erst um 8:30 Uhr beginnt.

c Stellen Sie einander Fragen zu den Notizen in 4b und antworten Sie.

Warum ist Herr Meisner verärgert?

d Lesen Sie die Aussagen. Wer sagt das? Kreuzen Sie an: Kunde/Kundin oder Hausmeister/in?

	Kunde/Kundin	Hausmeister/in
1. Ich muss mich beschweren.	X	
2. Das finde ich nicht in Ordnung.		
3. Bitte entschuldigen Sie.		
4. Ihr Winterdienst läuft nicht o.k.		
5. Das tut mir sehr leid.		
6. Verstehe ich das richtig: …?		
7. Ihr Mitarbeiter arbeitet nicht ordentlich.		
8. Darf ich fragen, was passiert ist?		
9. So geht das nicht!		
10. Ich verstehe, dass Sie verärgert sind.		
11. Ich muss nochmal nachfragen.		
12. Das ist bestimmt ein Missverständnis.		

Spielen Sie Beschwerdegespräche.

(A) Der Hausmeister hat gerade das Schloss vom Briefkasten repariert, aber es ist schon wieder kaputt.

(B) Der Mieter macht das Schloss selbst kaputt, weil er den falschen Schlüssel nimmt.

(A) Die Mieterin stellt den Abfall vor ihre Wohnungstür. Das stinkt! Andere Bewohner beschweren sich.

(B) Die Müllcontainer sind immer zu voll. Da passt nichts rein. Der Hausmeister muss sich besser um den Müll kümmern.

Ihre Idee

Wortschatz **Verbinden Sie. Die Wörter rechts helfen.**

1. der Beschwerdebrief
2. das Missverständnis
3. verärgert
4. die Vereinbarung
5. der Winterdienst

a) Jemand ärgert sich über etwas.
b) Zwei Partner beschließen etwas.
c) Jemand reinigt Straßen und Wege von Eis und Schnee.
d) Jemand schreibt einen Brief, weil er etwas nicht gut oder richtig findet.
e) Jemand hat etwas falsch verstanden.

Berufssprache **Adjektive auf *-los*. Schreiben Sie die Adjektive wie im Beispiel.**

1. keine Gefahr = gefahrlos
2. kein Problem = ...
3. keine Arbeit = ...s..........
4. keine Kosten = ...
5. kein Sinn = ...
6. kein Wort = ...

Lesen **Lesen Sie die Aussagen 1–4 und die E-Mail. Finden Sie die Stellen in der E-Mail, die das gleiche bedeuten, wie die Aussagen 1–4 und schreiben Sie sie in eine Tabelle.**

1. Ich habe keine Antwort bekommen.
2. Ich finde Ihren Winterdienst nicht o.k.
3. Gestern hatten wir in der Schule ein Fest.
4. Ich musste noch 'was vorbereiten.

In Briefen benutzt man oft
- andere Wörter (*erhalten*)
- Präteritum (*kam an*)
- Nebensätze (*Als ich … kam, …*)

Von: juergen-meisner@schollschule.de Heute 16:35
An: h.haak@hausmeisterservice-haak.de
Betreff: Beschwerde

Sehr geehrter Herr Haak,
heute früh habe ich meine Beschwerde auf Ihren Anrufbeantworter gesprochen, aber ich habe keine Antwort erhalten. Ich bin mit Ihrem Winterdienst nicht zufrieden. Wir haben eine Vereinbarung: Sie halten die Gehwege zwischen 7 und 20 Uhr frei von Eis und Schnee! Gestern fand in der Schule ein Fest statt. Ich musste noch einiges vorbereiten. Als ich um 8:00 Uhr in die Schule kam, lag noch Schnee auf allen Wegen. Ich bitte dringend um Ihren Rückruf.

Mit freundlichen Grüßen
J. Meisner (Direktor)

mündlich	schriftlich
1. Ich habe keine Antwort bekommen.	1. Ich habe keine Antwort erhalten.

Schreiben **Schreiben Sie einen Beschwerdebrief. Verwenden Sie die Sätze und Satzanfänge hier unten.**

Ein Handwerker hat letzte Woche bei Ihnen die Heizung repariert. Leider ist es immer noch zu kalt in der Wohnung. Beschweren Sie sich und berücksichtigen Sie die folgenden vier Punkte:
- erklären Sie die Situation
- schreiben Sie, dass Sie ärgerlich sind
- schreiben Sie, was Sie von ihm möchten
- schreiben Sie, wann Sie zuhause sind

sich schriftlich beschweren
Ich muss mich leider beschweren.
Ich bin nicht zufrieden mit Ihrer Arbeit.
Sie haben …, aber …
Es geht nicht, dass …
Ich möchte, dass …
Ich bitte dringend um Ihren Rückruf.

sich beschweren sagen, dass man etwas nicht gut findet, dass man damit nicht zufrieden ist
→ die Beschwerde
→ der Beschwerdebrief
→ die Beschwerdemail

das Eis (Sg.)

das Missverständnis, -se
Jemand versteht etwas falsch.

verärgert

die Vereinbarung, -en
Zwei oder mehr Menschen einigen sich.

2 Arbeit mit Lebensmitteln

Kollege → Küchenleiterin

1 Angaben zu Tätigkeiten machen

a Die Küchenleiterin Frau Bruckner erklärt dem neuen Koch Fernando, wie eine Großküche funktioniert. Ordnen Sie die Beschreibungen den Fotos zu.

A ☐

drei Monate vorher

B ☐

am Tag vorher

C ☐

am Nachmittag vorher

D ☐

ab 7:00 Uhr

E ☐

ab 8:00 Uhr

F ☐

um 10:30 Uhr

G ☐

um 11:30 Uhr

H ☐

um 11:45 Uhr

1. Die Köche bereiten die Gerichte vor, z. B. das Fleisch.
2. Die Küchenleiterin erstellt den Speiseplan.
3. Die Essensausgabe in der Kantine beginnt.
4. Der Auszubildende lagert die Lebensmittel, die der Lieferant gebracht hat, in der Kühlkammer.
5. Der Koch brät das Fleisch in der großen Bratpfanne.
6. An den Arbeitsplätzen putzen die Küchenhelfer/innen den Salat und das Gemüse.
7. Die Küchenhelfer/innen fangen mit der Reinigung des Geschirrs und der Geräte an.
8. Die Küchenleiterin kontrolliert am Grill die Temperatur des Steaks mit dem Thermometer.

b Fernando macht sich Notizen. Lesen Sie die Beschreibungen in 1a noch einmal. Ergänzen Sie die Angaben zu Zeit, Ort und Arbeitsgerät, wenn möglich.

Tätigkeit – was?	Zeit – wann?	Ort – wo?	Gerät – womit?
1. Erstellung des Speiseplans		–	–
2. Lagerung der Lebensmittel			
3. Vorbereitung der Gerichte			
4. Braten des Fleisches/Fisches			
5. Putzen des Salats			
6. Kontrolle der Temperatur			

c Notieren Sie drei bis fünf Tätigkeiten aus Ihrem eigenen Bereich mit Zeit, Ort und Gerät.

Tätigkeit	Zeit	Ort	Gerät/Werkzeug
Testen der Batterie	egal wann	Autowerkstatt	Voltmeter
…			

d Tauschen Sie sich im Kurs aus.

Was machst du?

Wann machst du das?

Wo machst du das?

Womit machst du das?

Ich arbeite in einer Autowerkstatt. Ich muss zum Beispiel die Batterien testen. Dazu brauche ich …

Wortschatz a **Ergänzen Sie. Die Wörter rechts helfen.**

1. In der Großküche kochen die Köche das Mittagessen für viele Menschen.
2. L.......... haben die Lebensmittel am Tag vorher gebracht.
3. Die Waren lagern im Lager und in der K..........
4. Die Köche kontrollieren mit einem T.......... die Temperatur.
5. An der E.......... bekommen die Gäste die Gerichte.

Wortschatz b **Wie viel verbraucht eine Großküche in einem Jahr? Lesen Sie die Sätze laut. Sprechen Sie die großen Zahlen.**

1. Wir haben im letzten Jahr 121 600 Kilogramm Waren verbraucht.
2. Wir haben 13 000 Kilogramm Kartoffeln geputzt.
3. Wir haben 7500 Radieschen geputzt und 2 000 Kilogramm Gurken geschnitten.
4. Die Gäste habe 11 000 Liter Saft und Mineralwasser getrunken.
5. Wir haben aus 7 000 Äpfeln Kuchen und Nachtisch gemacht.

Wir haben im letzten Jahr einhunderteinundzwanzigtausendsechshundert Kilogramm Waren verbraucht.

Wortschatz c **Große Mengen – Sagen Sie die Zahlen aus b in anderen Worten.**

1 kg = 1 000 g Ein Kilogramm entspricht 1 000 Gramm.	1 t = 1 000 kg Eine Tonne entspricht 1 000 Kilogramm.	1 hl = 100 l Ein Hektoliter entspricht 100 Liter.

Wir haben im letzten Jahr über 120 Tonnen Waren verbraucht.

Berufssprache **Genitiv – Ergänzen Sie ein passendes Wort im Genitiv. Es gibt mehrere Möglichkeiten.**

der Speiseplan die Vorbereitung ~~die Ware~~ die Temperatur das Gemüse das Geschirr

1. die Lieferung der Ware
2. die Erstellung ....
3. der Beginn ....
4. das Putzen ....
5. die Kontrolle ....
6. das Reinigen ....

aus Verben Nomen machen

- z. B. durch Großschreibung: *putzen → das Putzen* (immer neutrum)
- z. B. durch die Endung *-ung*: *lagern → die Lagerung* (immer feminin)
- z. B. durch Weglassen der Endung *-en*: *beginnen → der Beginn* (meist maskulin)

Schreiben **Für eine Mitarbeiterschulung müssen Sie beschreiben, welche Aufgaben Sie haben. Notieren Sie Zeiten, Tätigkeiten, Orte und Geräte wie in 1c und beschreiben Sie dann einen typischen Tag in Ihrem Beruf.**

In meinem Beruf muss ich immer/oft/manchmal …
Wenn ich ankomme, …
Ich mache das … Stunden am Tag / von … bis …
Für diese Aufgabe benutze ich …
Ich arbeite die meiste Zeit mit …
Mein Arbeitsort ist …
Ich arbeite zusammen mit …

die Bratpfanne, -n
→ braten

die Essensausgabe (Sg.)
→ Essen ausgeben

die Großküche, -n

der Küchenhelfer, – / die Küchenhelferin, -nen
Mitarbeiter/in für einfache Aufgaben in einer Großküche

der Küchenleiter, – / die Küchenleiterin, -nen
die Person, die Verantwortung in der Küche hat

die Kühlkammer, -n
Raum, in dem man Lebensmittel kühl und frisch hält

lagern etwas längere Zeit liegen lassen, z. B. Wein, Kartoffeln, …
→ die Lagerung

der Lieferant, -en
jemand, der Waren bringt

das/der Thermometer, –

2 Auf besondere Wünsche reagieren

Mitarbeiter → Kunden

Haben Sie auch laktosefreien Pudding? Ich vertrage keine Laktose.

a Was ist das Problem der Kundin auf dem Foto?

b Jemand darf oder will nicht alles essen. Kennen Sie das auch? Sprechen Sie.

> Mein Mann darf keine Nüsse essen.

c Fernando recherchiert im Internet. Lesen Sie die Definitionen. Sprechen Sie darüber, was diese Menschen nicht essen dürfen oder wollen.

A 

Manche Menschen vertragen Milchzucker (Laktose) nicht. Sie kaufen laktosefreie Lebensmittel.

B 

Gluten kommt in Getreide und deshalb in vielen Lebensmitteln vor. Manche Menschen müssen sich glutenfrei ernähren.

C 

Veganer essen keine tierischen Produkte, also auch z. B. keine Milch, keine Eier und keinen Honig.

D 

Viele Menschen essen und trinken nur Lebensmittel, die keinen Zucker enthalten. Sie finden, dass Zucker ungesund ist.

E 
Vegetarier essen nichts, was vom toten Tier stammt. Sie essen Obst, Gemüse, Getreide, aber auch Milch, Eier usw.

F 
Für Menschen mit einer Allergie auf Erdnüsse sind Erdnüsse oder Erdnussprodukte lebensgefährlich.

> Isst jemand, der sich vegan ernährt, Spaghetti?

> Nur Spaghetti ohne Eier. Ein Veganer isst gar nichts vom Tier.

d Die Kantine kennzeichnet die Gerichte. Lesen Sie die Liste. Welche Punkte sind besonders wichtig für diese Menschen?

1. Menschen, die sich laktosefrei ernähren ...6...
2. Menschen, die sich glutenfrei ernähren ....
3. Menschen, die sich vegan ernähren ...., ..., ..., ..., ...
4. Menschen, die sich vegetarisch ernähren ...., ..., ...
5. Menschen, die eine Allergie auf Erdnüsse haben ...., ...

Kennzeichnung von Lebensmitteln

1 enthält glutenhaltiges Getreide
2 enthält Fisch
3 enthält Eier
4 enthält Erdnüsse
5 enthält Soja
6 enthält Milch (Laktose)
7 enthält Nüsse
S Schwein
R Rind

9–12 **e** Hören Sie die Gespräche. Was sagt Fernando? Kreuzen Sie an, wenn Sie das gehört haben.

1. Der Pudding hier enthält … ☒
2. Nehmen Sie doch … ☐
3. Die Nudeln enthalten (kein/e) … ☐
4. Wir kennzeichnen die Lebensmittel. ☐
5. Schauen Sie doch bitte … ☐
6. Als Alternative können wir Ihnen … anbieten. ☐
7. Wie wär's mit …? ☐

f Schreiben Sie Kärtchen wie hier unten. Mischen und ziehen Sie ein Kärtchen und spielen Sie Gespräche zwischen Kunden und Mitarbeitern an der Essensausgabe.

Müsli Nussallergie	**Suppe** kein Schweinefleisch	**Nachspeise** vegan	Ihre Idee

> Sind in diesem Müsli Nüsse? Ich habe eine …

Wortschatz a **Ergänzen Sie. Die Wörter rechts helfen.**

Menschen, die eine (1) A*llergie* .... gegen (2) E .... haben, dürfen dieses Lebensmittel nicht essen. Menschen, die (3) M .... (Laktose) nicht vertragen, dürfen keine Milchschokolade essen. Andere Menschen wollen keine (4) t .... essen, weil sie Tiere lieben. Die (5) K .... der Lebensmittel auf dem Speiseplan ist deshalb sehr wichtig.

Wortschatz b **Das isst er/sie nicht! Ergänzen Sie.**

1. Jemand, der Laktose nicht verträgt, isst *keine Milchprodukte*.
2. Jemand, der Gluten nicht verträgt, isst ....
3. Jemand, der sich vegan ernährt, isst ....
4. Jemand, der keinen Zucker essen will, isst ....
5. Jemand, der sich vegetarisch ernährt, isst ....

Berufssprache **Adjektive auf *-frei* und *-arm* – Ergänzen Sie das passende Adjektiv. Kennen Sie noch andere Adjektive auf *-frei* oder *-arm*?**

laktosefrei ~~zuckerfrei~~ salzarm fleischfrei fettarm alkoholfrei

1. enthält keinen Zucker *zuckerfrei*
2. enthält nur wenig Salz ....
3. enthält kein Fleisch ....
4. enthält keinen Alkohol ....
5. enthält wenig Fett ....
6. enthält keine Laktose ....

Ich kenne noch das Wort „kalorienarm“.

Schreiben **Fernando soll eine Information für die Kunden schreiben. Bringen Sie die Sätze in die richtige Reihenfolge und schreiben Sie den Text.**

Die Liste hängt neben der Kasse an der Wand. Ihr Küchenteam ~~Liebe Gäste,~~

fragen Sie bitte unser Personal! ~~Allergie-Information~~ Haben Sie eine Allergie?

Wenn Sie noch Fragen haben, vertragen Sie manche Lebensmittel nicht?

Dann lesen Sie bitte die Liste „Kennzeichnung von Lebensmitteln“.

Allergie-Information

Liebe Gäste,
vertragen ...

die Allergie, -n Der Körper reagiert negativ auf etwas (Nüsse, Staub usw.).
→ allergisch

enthalten in sich haben, etwas ist darin
Beispiel: Wein enthält Alkohol.

die Erdnuss, ¨-e

das Getreide (Sg.)

kennzeichnen ein Schild oder ein Zeichen an etwas machen
→ die Kennzeichnung

das Milchprodukt, -e etwas, das aus Milch gemacht ist

der Milchzucker (Sg.) Zucker, der in Milch ist (Laktose)

das Soja (Sg.)

tierisches Produkt etwas vom Tier, z. B. Fleisch, Honig, Leder, Wolle

der Veganer, – / die Veganerin, -nen eine Person, die nichts isst, was von einem Tier kommt
→ vegan

vertragen *hier:* etwas ohne Probleme essen können

Mitarbeiter Kollegen Vorgesetzte

3 Probleme am Arbeitsplatz ansprechen

a Lesen Sie den Zeitungstext und die Sprechblasen. Was ist richtig? Kreuzen Sie an.

1. Was macht die Hygienekontrolle?
   ⓐ Sie bietet Beratung für Betriebe.
   ⓑ Sie kontrolliert, dass die Küchen in Betrieben sauber sind.

2. Die Mitarbeiterin
   ⓐ will nicht, dass die Hygienekontrolle kommt.
   ⓑ will mehr über die Hygienekontrolle lesen.

Im vergangenen Jahr hat die Hygienekontrolle in unserer Stadt über 3.200 Betriebe kontrolliert: Bäckereien, Metzgereien, Großküchen, Gaststätten und Seniorenheime. 27 Betriebe mussten schließen. In 1.754 Betrieben war die Hygiene so schlecht, dass

13 P

b Die Küchenleiterin Frau Bruckner spricht mit ihrem Team. Hören Sie das Gespräch zweimal. Entscheiden Sie beim Hören, ob die Aussagen 1–10 richtig (+) oder falsch (–) sind.

1. Das Gespräch findet in der Küche statt. ☐
2. Frau Bruckner hat einen Anruf bekommen, dass die Hygienekontrolle bald kommen könnte. ☐
3. Die Mitarbeiter kennen den Kontrolleur von der Hygienekontrolle schon. ☐
4. Es gab schon früher Probleme mit der Hygienekontrolle. ☐
5. Die Kühlkammern sind sauber. ☐
6. Der Koch Thomas ist nicht zufrieden mit der Hygiene in der Küche. ☐
7. Frau Bruckner meint, dass Fernando besser putzen soll. ☐
8. Lina entschuldigt sich, weil sie nicht gut geputzt hat. ☐
9. Frau Bruckner will nicht, dass Gäste und Mitarbeiter krank werden. ☐
10. Alle Mitarbeiter sollen an der Hygieneschulung teilnehmen. ☐

c Lesen Sie die Sätze. Was meint jemand, wenn er/sie das sagt?

Lass es gut sein! — Das ist nicht meine Schuld. — Damit habe ich nichts zu tun. — ~~Ich muss mal mit dir/Ihnen über etwas sprechen.~~ — Das bringt doch nichts! — Er/Sie hat es nicht so gemeint. — Das war ich nicht. — Da gibt es etwas, was mich sehr stört. — Ich hab' da ein Problem. — Was mir nicht gefällt, ist, dass … — Wir müssen mal über etwas reden.

Er/Sie will über ein Problem sprechen.	Er/Sie fühlt sich nicht schuldig.	Er/Sie will den Streit beenden.
Ich muss mal mit dir/Ihnen über etwas sprechen.		

d Führen Sie Konfliktgespräche in kleinen Gruppen. A spricht über das Problem. B fühlt sich nicht schuldig. C beendet den Streit.

Frau …, ich muss mal mit Ihnen über etwas sprechen.

Sie ärgern sich sehr darüber, dass Ihr Kollege / Ihre Kollegin seine/ihre schmutzige Kaffeetasse nie in die Spülmaschine räumt.	Ihr Kollege / Ihre Kollegin hat den Kopierer benutzt. Jetzt funktioniert er nicht mehr. Warum hat er/sie nichts gesagt?	Sie müssen oft für Ihren Kollegen / Ihre Kollegin ans Telefon gehen. Er/Sie ist oft nebenan bei Frau May. Damit haben Sie wirklich ein Problem.	Ihre Idee 

Wortschatz **Ergänzen Sie. Die Wörter rechts helfen.**

1. Wenn Menschen unterschiedliche Meinungen haben, kann es zu einem S*treit* .... kommen.
2. Jeder gibt dem anderen die S .... für den Streit.
3. Und keiner fühlt sich s ....
4. Jemand muss den Streit s ....
5. Meistens e .... sich die Leute am Ende.

Leicht verwechselbare Wörter ***kennen* oder *wissen*? – Ergänzen Sie.**

jemanden/etwas kennen Man hat jemanden/etwas schon gesehen oder kennengelernt.
Wir kennen Herrn Pfaff. Wir kennen die anderen Kontrolleure aber nicht.

wissen (oft mit einem Nebensatz): Man hat eine Information.
Wir wissen, dass die Hygienekontrolle kommt. Wir wissen aber nicht, wann sie kommt.

1. Frau Bruckner *kennt* .... ihre Mitarbeiterinnen und Mitarbeiter gut.
2. Sie ...., dass der neue Koch drei kleine Kinder hat.
3. Der Koch .... viele Rezepte für vegetarische Speisen.
4. Er fragt: „................ Sie, wie viele Leute heute essen wollen?"
5. Er .... den Betrieb noch nicht so gut.

Berufssprache **Informelle und formelle Sprache – Was passt zusammen? Verbinden Sie.**

1. Ich find's echt nicht gut.
2. Das bringt doch nichts.
3. Sorry, das musste ich mal sagen.
4. Dafür kann ich nichts.
5. Das nervt mich.

a) Ich bin dafür nicht verantwortlich.
b) Das bringt uns doch nicht weiter.
c) Ich finde es wirklich nicht gut.
d) Das stört mich.
e) Tut mir leid, das musste ich mal ansprechen.

Schreiben **Schreiben Sie zwei Briefe: eine Entschuldigung und eine Antwort auf die Entschuldigung. Was passt wo?**

Viele Grüße

~~Hallo Thomas,~~

Wir haben mit der Hygieneschulung ja

ich möchte mich für mein Verhalten gestern entschuldigen.

~~Lina~~

Wir vergessen das einfach, ja?

Ich war auch nicht gerade freundlich.

schon in Ordnung.

eine gute Lösung gefunden.

Es kommt nicht wieder vor.

~~Hallo Lina,~~

~~Thomas~~

Schöne Grüße

Ich war an dem Tag einfach sehr gestresst,

und deshalb war mein Ton nicht richtig.

Hallo Thomas,
ich möchte mich ...
...
Lina

Hallo Lina,
schon in ...
...
Thomas

die Hygiene (Sg.) die Pflege der Gesundheit und Sauberkeit

die Hygienekontrolle, -n die Kontrolle der Sauberkeit, z. B. in einer Restaurantküche oder in einer Bäckerei

die Hygieneschulung, -en ein Kurs über Sauberkeit im Umgang mit Lebensmitteln
→ Schulung
→ jemanden schulen

die Schuld (Sg.) Wenn man etwas falsch gemacht hat, hat man die Schuld.
Beispiel: Es ist nicht meine Schuld. = Ich habe nichts falsch gemacht.
→ sich schuldig fühlen

der Streit (Sg.) Zwei oder mehrere Personen sind sich nicht einig und zeigen das.

den Streit schlichten etwas tun, damit andere mit dem Streit aufhören und sich einigen

der Ton (Sg.) *hier:* die Art, wie jemand spricht, z. B. unfreundlich oder ruhig

Küchenleiterin → Mitarbeiter

4 Über Hygieneverhalten sprechen

a **Überlegen Sie im Kurs: Was fällt Ihnen zum Wort „Hygiene“ ein?**

b **Lesen Sie den Aushang rechts und beantworten Sie die Fragen.**

1. Wann findet die Hygieneschulung statt?
2. Wer soll an der Schulung teilnehmen?
3. Was sagt das Gesetz?
4. Was möchte die Küchenleiterin?

An alle Mitarbeiter des Küchenteams!
Hygieneschulung am 24.05., 16:00 Uhr
Das sagt das Gesetz: Alle Unternehmen, die Lebensmittel herstellen oder behandeln, müssen ihre Mitarbeiter in Hygiene schulen.
Bitte überlegen Sie sich schon einmal, wo Gefahren für die Hygiene sind. Lesen Sie bitte auch die Information!
Sonja Bruckner (Küchenleiterin)

c **Welche Probleme kann es bei der Hygiene in einer Großküche geben? Sprechen Sie.**

Die Küche muss sehr sauber sein, sonst wachsen Bakterien.

Lieferung → Lagerung → Zubereitung ↓ Essensausgabe → Geschirr → Müll

Lieferung

Lagerung

Zubereitung

Müll

Geschirr

Essensausgabe

d **Lesen Sie den Informationstext. Welcher Begriff passt zu welchem Textabschnitt?**

(A) Lebensmittel .... (B) Personal .... (C) Reinigung ....

Liebes Küchenteam! Diesen Text unbedingt vor der Hygieneschulung lesen! Sonja Bruckner

Achtung Bakterien! So achten Sie auf Hygiene im Umgang mit Lebensmitteln.

1.
- Beim Wareneingang kontrollieren: Ist die Verpackung o.k.? Ist die Ware frisch? Ist sie sauber? Ist sie gekühlt?
- Bei der Warenlagerung: Frische Lebensmittel und Speisen sofort ausreichend kühlen oder einfrieren.
- Bei der Zubereitung und Essensausgabe: Auf die Temperatur achten.

2.
- Geräte, Flächen, Gegenstände: Regelmäßig reinigen und desinfizieren. Für jedes Gerät, für jede Fläche und für jeden Gegenstand die richtige Methode benutzen.
- Bei der Reinigung: Beschreibung genau lesen.
- Verantwortliche Person bestimmen.

3.
- Alle Mitarbeiterinnen und Mitarbeiter müssen auf persönliche Sauberkeit achten: Hände regelmäßig reinigen und desinfizieren. Schmuck und Uhren ablegen. Fingernägel kurz schneiden. Immer eine Kopfbedeckung tragen. Nicht rauchen!
- Schutzkleidung: Muss sauber und täglich frisch sein.
- Bei Verletzungen: Kleine Wunden mit einem Pflaster hygienisch abdecken. Bei Erkrankungen **sofort** die Küchenleiterin informieren!

e **Wählen Sie einen Textabschnitt und schreiben Sie Fragen dazu auf. Antworten Sie dann im Kurs.**

Was muss man kontrollieren, wenn der Lieferant die Ware bringt?

f **Wie achten Sie auf Hygiene im Haushalt, speziell im Umgang mit Lebensmitteln?**

Ich putze meinen Kühlschrank einmal im Monat.

Wortschatz a **Ergänzen Sie. Die Wörter rechts helfen.**

Wenn man mit Lebensmitteln arbeitet, muss man sehr auf die (1) H*ygiene*........ achten. Man muss die Geräte gegen (2) B.. (Pl.) desinfizieren. Man muss Lebensmittel (3) a.. und (4) k.. oder einfrieren. Bei einer (5) E.. muss man sofort zum Arzt gehen. Eine kleine (6) W.. muss man mit einem Pflaster abdecken.

Wortschatz b **Temperaturangaben – Lesen Sie und sprechen Sie über die Grafik.**

So spricht man:	So schreibt man:
minus zehn Grad Celsius	– 10 °C *oder* – 10°
(plus) 75 Grad Celsius	+ 75 °C *oder* + 75°

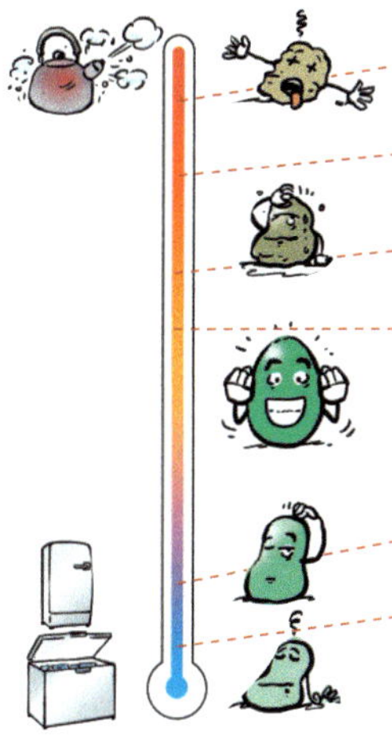

1. Bei 100° kocht Wasser. Bakterien sterben.
2. Bei 82° muss man Essen kochen und aufwärmen.
3. Bei 63° müssen Sie heißes Essen warmhalten.
4. Achtung Gefahrenzone! Zwischen 63° und 4° steigt die Zahl der Bakterien sehr schnell.
5. Bei 0° wird Wasser zu Eis.
6. Bei – 18° können Bakterien nicht mehr aktiv sein.

Bei wie viel Grad kocht Wasser?

Berufssprache **Anweisungen mit Infinitiv mit *zu* – Schreiben Sie die Anweisungen wie im Beispiel.**

1. in der Küche immer auf Sauberkeit achten
2. vor der Arbeit Schmuck und Uhren ablegen
3. Hände regelmäßig reinigen und desinfizieren
4. die Haare immer bedecken
5. kleine Wunden mit Pflastern abdecken
6. eine Erkrankung sofort melden

1. In der Küche ist immer auf Sauberkeit zu achten.
2. Vor der Arbeit sind Schmuck und Uhren ...

P **Schreiben** **Fernando findet folgende Anzeige in einer Fachzeitschrift. Er möchte mit zwei Kolleginnen an dem Seminar teilnehmen. Schreiben Sie eine Anfrage und berücksichtigen Sie die folgenden vier Punkte:**

- Warum schreiben Sie?
- Preis, Zeit und Ort
- Wie viele Teilnehmer?
- Teilnahmebescheinigung?

Professionelle Reinigung in der Gastronomie
Das Seminar Professionelle Reinigung in der Gastronomie informiert über hygienische Anforderungen und Reinigungstechniken. Sie erhalten Tipps und Hinweise für Ihren Reinigungsalltag.
Dauer: 1 Tag
Referentin: Sabine Pollendorf, Hauswirtschafterin
Möchten Sie mehr erfahren?
Infos anfordern

abdecken eine Folie oder einen Deckel auf etwas legen
→ bedecken

aufwärmen noch einmal warm machen, z. B. das Essen von gestern

das Bakterium, Bakterien sehr kleine Lebewesen, die krank machen können

desinfizieren

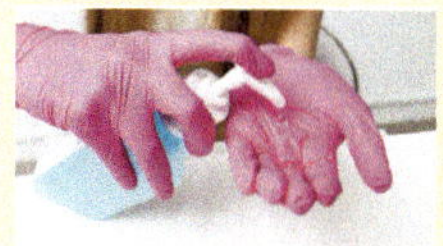

einfrieren tiefkühlen
Gegensatz: auftauen

die Erkrankung, -en
= die Krankheit

der Fingernagel, ¨-

kühlen etwas kalt machen oder kalt halten, z. B. im Kühlschrank

das Pflaster, –

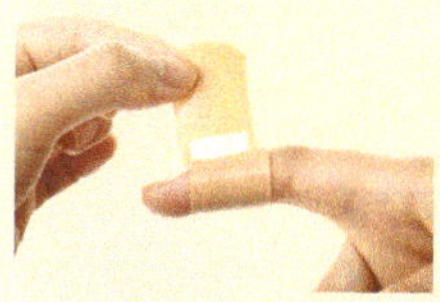

die Wunde, -n

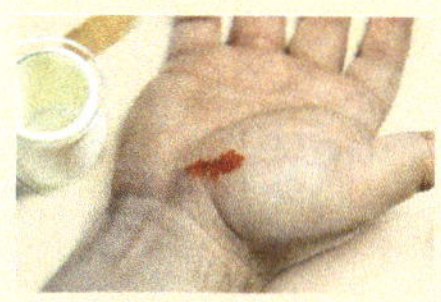

die Zubereitung, -en das Vorbereiten und Kochen von Essen

3 Gesundheitsberufe

Kollege Kollegin

1 Probleme, Ziele und Maßnahmen dokumentieren

a Wie organisiert man die Arbeit in Ihrem Beruf? Sprechen Sie im Kurs.

> Wir treffen uns jeden Morgen und sprechen über die Aufgaben des Tages.

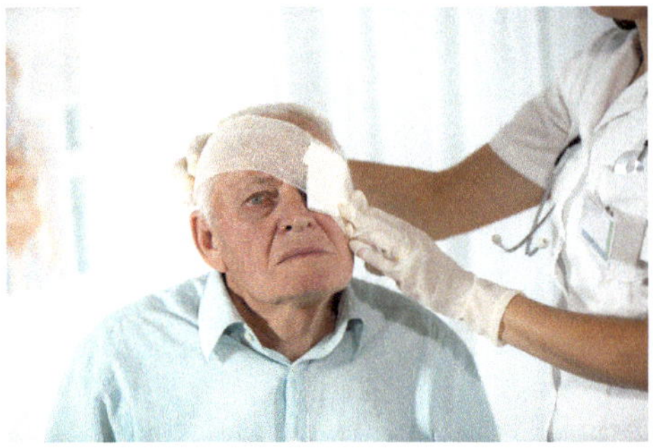

14 **b Was erklärt Pfleger Paul Schwester Jessica? Hören Sie und kreuzen Sie an.**

1. … wie viele Seiten ein Pflegeplan hat. ☐
2. … warum man einen Pflegplan schreibt. ☐
3. … wie man einen Pflegeplan schreibt. ☐

14 **c Hören Sie das Gespräch noch einmal und ergänzen Sie die fehlenden Angaben im Pflegeplan.**

Pflegemaßnahme — Probleme des Patienten / der Patientin — Pflegeziele

(1)	(2)	(3)	HZ
Name: Brunner, Dieter	geb. 23.05.1945	Zimmer 91	
– auf der Straße gestürzt – Wunde am Kopf – Patient hat Schmerzen – unsicher beim Gehen	– schmerzfrei	– Hilfe beim Waschen und Anziehen – Medikamente gegen Schmerzen	Krü

15 **d Hören Sie die Schichtübergabe zwischen Schwester Jessica und Pfleger Paul. Ergänzen Sie die Daten für Frau Chodroff im Pflegeplan.**

Name: Chodroff, Ina	(1) geb.	Zimmer 92	
– Skiunfall, rechter Arm gebrochen – (2) Sie hat	(3)	– Arm operiert – (4)	

15 **e Hören Sie noch einmal. Welche Redemittel hören Sie? Kreuzen Sie an.**

1. Haben Sie jetzt Zeit? Ich möchte gerne die Übergabe machen. ☒
2. Das ist passiert: … ☐
3. Eine wichtige Information ist: … ☐
4. Du musst wissen, dass … ☐
5. Was du noch wissen musst: … ☐
6. Du musst darauf achten, dass … ☐
7. Und vergiss nicht: … ☐

f Spielen Sie eine Übergabe. Die Redemittel in 1e helfen.

Krankenschwester und -pfleger

Problem: Frau Nolls Wunde am Bein blutet.

Ziel: Blutung stoppen

Maßnahme: Bein von Frau Noll verbinden, röntgen.

Hausmeister/in und Kollege

Problem: Licht funktioniert nicht.

Ziel: Licht in Ordnung bringen, Hausbewohner informieren

Maßnahme: Elektriker anrufen, Nachricht für Hausbewohner schreiben

In Ihrem Beruf

Übergabe von ....

und ....

Problem: ....

Ziel: ....

Maßnahme: ....

Wortschatz **Ergänzen Sie. Die Wörter rechts helfen.**

1. Das muss man machen, damit ein Patient gesund wird: eine P flegemaßnahme
2. Das möchte das Pflegepersonal mit der Pflege erreichen: ein P .... z ....
3. Das macht der Arzt manchmal, wenn man eine Verletzung hat: r ....
4. Hier schreibt das Pflegepersonal die Probleme der Patienten und was es gemacht hat:
   im P .... p ....
5. Ein Patient ohne Schmerzen ist s ....

Strukturen **Mit welcher Maßnahme kann man das Ziel erreichen? Schreiben Sie Sätze mit *deshalb/deswegen*. Schreiben Sie nach diesem Muster Angaben für Ihren Beruf.**

1. Eine Wunde blutet. → man / sie / verbinden / müssen
2. Ein Patient hat Schmerzen. → Arzt / ihm / Medikament / verschreiben
3. Eine Person hat sich den Arm gebrochen. → Arzt / ihn / behandeln
4. Die Schicht wechselt. → das Pflegepersonal / Übergabe / machen / müssen
5. Ein Patient braucht einen Rollstuhl. → man / ihm / Rollstuhl / erklären / müssen

Eine Wunde blutet, deshalb muss man sie verbinden.

Berufssprache **Ergänzen Sie die rechte Spalte.**

So sagt man bei der Schichtübergabe:	So schreibt man in den Pflegeplan:
1. „Du musst die Angehörigen informieren."	Angehörige informieren
2. „Sie müssen beim Anziehen helfen."	....
3. „Sie müssen die Medikamente austeilen."	....
4. „Helfen Sie Ihrer Kollegin."	....
5. „Kontrollier den Verband!"	....
6. „Du musst den Rollstuhl erklären."	....

Schreiben **Schwester Jessica schreibt in ihr Lerntagebuch, was sie heute gemacht hat. Ordnen Sie zu.**

braucht Rollstuhl · schmerzfrei · Rollstuhl erklären · beim Waschen helfen · ~~Bein gebrochen~~ · Medikamente gegen Schmerzen · starke Schmerzen

Name: Charrier, Belinda	geb. 10.10.1992	Zimmer 12	
Probleme des Patienten / der Patientin	**Pflegeziele**	**Pflegemaßnahmen**	**HZ**
(1) Bein gebrochen	(4)	(5)	JL
(2)		(6)	
(3)		(7)	

der Gesundheits- und Krankenpfleger / die Gesundheits- und Krankenpflegerin

HZ Abkürzung für Handzeichen, meistens der erste Buchstabe des Vor- und Nachnamens

die Maßnahme, -n eine Handlung oder ein Mittel, um ein Ziel zu erreichen, z. B. Medikament gegen Schmerzen
→ die Pflegemaßnahme

der Pflegeplan, ¨-e eine Dokumentation über Patienten

das Pflegeziel, -e ein Ziel, z. B. die Gesundheit eines Patienten, das man mit der Pflege erreichen will

das Ziel, -e

das Pflegeziel, -e

röntgen
→ das Röntgenbild

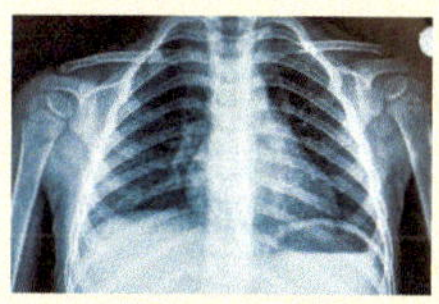

die Schmerzfreiheit (Sg.) ohne Schmerzen
→ schmerzfrei

2 Termine aushandeln

a **Warum gibt es Dienstpläne? Welche Konflikte kann es bei der Einteilung von Dienstzeiten geben? Sprechen Sie im Kurs.**

b **Lesen Sie den Dienstplan von Schwester Jessica und Pfleger Paul und beantworten Sie die Fragen.**

1. Wann hat Pfleger Paul Urlaub?
2. Wer arbeitet an den Werktagen in der Frühschicht?
3. Wer hat am Wochenende frei?
4. Wann arbeitet Schwester Jessica in der Spätschicht?

	Montag	Dienstag	Mittwoch	Donnerstag	Freitag	Samstag	Sonntag
Pf. Krüger, Paul	frei	frei	N	N	N	U	U
Sr. Lorch, Jessica	S	S	F	F	F	frei	frei

K = krank U = Urlaub
F = Frühschicht = 6:00–14:30 S = Spätschicht = 14:00–22:30 N = Nachtschicht = 22:00–6:30

16

c **Hören Sie das Gespräch zwischen Schwester Jessica und Pfleger Paul über den Dienstplan. Kreuzen Sie an: richtig oder falsch?**

	R	F
1. Paul möchte am Donnerstag oder Freitag den Dienst tauschen.	☐	☐
2. Niemand möchte am Sonntag in der Frühschicht arbeiten.	☐	☐
3. Jessica hat Wochenenddienst.	☐	☐
4. Jessica hat am Montag Geburtstag und möchte, dass Paul ihre Schicht übernimmt.	☐	☐

d **Lesen Sie die Redemittel 1–9 und ordnen Sie sie A–E zu.**

(A) bitten, fragen (B) zusagen (C) ablehnen (D) Unsicherheit zeigen (E) danken

1. Ja, klar, das mache ich gerne. B
2. Ich habe eine Bitte an dich. Würdest du mit mir den Dienst tauschen? ....
3. Ich würde gerne die Frühschicht machen, und du übernimmst meine Nachtschicht? ....
4. Super, danke! ....
5. Das geht. Das kann ich machen. ....
6. Und am Freitag? Kannst du da? ....
7. Das weiß ich jetzt noch nicht. Ich sage dir morgen Bescheid. ....
8. Könntest du für mich die Spätschicht übernehmen? Wäre das möglich? ....
9. Der Termin passt mir nicht. Da kann ich nicht, tut mir leid. ....

e **Handeln Sie Ihren Dienstplan mit Ihrem Partner / Ihrer Partnerin aus. Die Redemittel in 2d helfen.**

Partner/in A
Ihr Dienstplan:
Mo – Fr: Frühschicht
Sa + So: frei

Partner/in B
Ihr Dienstplan:
Mo: frei
Di – So: Frühschicht
Sie möchten Di freihaben.

Partner/in A
Ihr Dienstplan:
Sa + So: Nachtschicht
Sie möchten Sa freihaben.

Partner/in B
Ihr Dienstplan:
Sa + So: frei
Mo + Di: Nachtschicht

Ihr Beruf
Partner/in A
Dienstplan:
Sie möchten:

Partner/in B
Dienstplan:
Sie möchten:

Wortschatz **Was steht in einem Dienstplan?**

1. Die Arbeit von morgens bis mittags nennt man *Frühschicht*.
2. Die Arbeitszeit von mittags bis abends nennt man ....
3. Die Arbeit von abends bis zum nächsten Morgen nennt man ....
4. Die Tage Montag bis Samstag sind ....
5. Arbeit am Samstag und Sonntag ist ....

Berufssprache **Bilden Sie höfliche Fragen mit dem Konjunktiv 2.**

1. du / die Schicht tauschen / werden
2. Sie / die Spätschicht machen / können
3. Sie / die Frühschicht übernehmen / werden
4. ich / am Samstag freibekommen / können
5. ich / vom 04.07. bis 21.07. Urlaub nehmen / können

1. Würdest du die Schicht tauschen?

Redemittel **Lesen Sie die Redemittel und ergänzen Sie den Dialog.**

Das kann ich machen.

Ich sage dir morgen Bescheid.

Würdest du die Schicht mit mir tauschen?

~~Ich habe eine Bitte an dich.~~

Ich habe auch eine Bitte an dich.

Könntest du meine Nachtschicht übernehmen?

Paul: Hast du den Dienstplan schon gelesen? (1) *Ich habe eine Bitte an dich.*

Jessica: Eine Bitte?

Paul: Ja. Du hast am Freitag Frühschicht und ich habe Spätschicht. Am Freitag hat mein Sohn Geburtstag, und deshalb würde ich gerne nachmittags zu Hause sein.
(2) ....

Jessica: Ja, das geht. (3) ....

Paul: Super, vielen Dank.

Jessica: (4) ....

Paul: Oh je, was denn?

Jessica: Ich habe am Sonntag Nachtschicht und möchte gerne frei haben.
(5) ....

Paul: Da muss ich erst mit meiner Frau sprechen. (6) ....

Schreiben **Eine Notiz schreiben – Fragen Sie eine Kollegin, ob sie die Schicht mit Ihnen tauscht.**

Ihr Dienstplan: Sa + So Frühschicht

Sie möchten am Sonntag frei haben.

Ihr Vater hat Geburtstag.

Bettys Dienstplan: Sa + So frei

Liebe Betty,
ich habe ein Problem. ...

die Frühschicht, -en
Arbeitszeit am Morgen

die Nachtschicht, -en
Arbeitszeit in der Nacht bis zum Morgen

eine Schicht übernehmen
eine Schicht machen

die Spätschicht, -en
Arbeitszeit am Nachmittag und Abend

tauschen etwas für etwas anderes wechseln, z. B. eine Frühschicht gegen eine Spätschicht tauschen.

der Werktag, -e Montag, Dienstag, Mittwoch, Donnerstag, Freitag und Samstag

der Wochenenddienst, -e
Arbeitszeit am Samstag und Sonntag

Krankenhauspersonal

Angehörige von Patienten

3 Telefonieren im Krankenhaus

17 **a Hören Sie ein Telefonat im Krankenhaus und lesen Sie 1–5. Kreuzen Sie an: richtig oder falsch?**

	R	F
1. Frau Lösch ist eine Angehörige von Herrn Brunner.	☐	☐
2. Das Krankenhaus hat Frau Lösch informiert.	☐	☐
3. Die Ärztin auf der Station von Herrn Brunner ist Dr. Mang.	☐	☐
4. Frau Lösch möchte mit ihrem Vater telefonieren.	☐	☐
5. Die Besuchszeiten sind am Nachmittag.	☐	☐

17 **b Lesen Sie 1–6 und ergänzen Sie das Telefonat: a oder b? Hören Sie zur Kontrolle.**

1. ⓐ Ich soll zurückrufen. ⓑ Soll er/sie Sie zurückrufen?
2. ⓐ Soll ich Sie verbinden? ⓑ Könnten Sie mich bitte verbinden?
3. ⓐ Bleiben Sie bitte kurz dran. ⓑ Ich möchte mit der Stationsärztin sprechen.
4. ⓐ Ich kann Sie im Moment nicht durchstellen. ⓑ Wann sind die Besuchszeiten?
5. ⓐ Wie lautet die Durchwahl, bitte? ⓑ Soll ich Ihnen die Durchwahl geben?
6. ⓐ Können Sie uns Ihre Telefonnummer geben? ⓑ Leider geht niemand dran.

Frau Lösch: Guten Tag, Margret Lösch hier. Mein Vater liegt bei Ihnen im Krankenhaus. Sie haben mich angerufen: (1) ……a…….

Pforte: Sie sprechen mit der Pforte, Ihr Vater liegt auf Station 12. (2) ……………?

Frau Lösch: Vielen Dank, das wäre sehr nett. (3) …………….

Pforte: Das Stationstelefon ist besetzt. (4) ……………. (5) ……………

Frau Lösch: Ja, gern, dann rufe ich gleich selber an.

Schwester Anna: Guten Tag, Urban-Krankenhaus, Station 12, Schwester Anna. Wie kann ich Ihnen helfen?

Frau Lösch: Mein Vater liegt auf Ihrer Station. Wann sind die Besuchszeiten?

Schwester Anna: Sie können ihn immer besuchen. Eine Frage, nur um ganz sicher zu sein, dass wir Sie erreichen können: (6) ……………

c Führen Sie Telefongespräche. Die Redemittel auf der Seite rechts helfen.

Telefongespräch 1
Sie sind der Sohn von Max Gernot. Er hatte heute früh eine Operation. Sie rufen an der Pforte des Krankenhauses an und wollen wissen:
- Station?/Stationsarzt?
- Sie wollen verbunden werden.
- Durchwahl?

Sie arbeiten an der Pforte des St. Joseph-Krankenhauses.
- Max Gernot liegt auf Station 4.
- Der Stationsarzt ist Dr. Zahn.
- Das Stationstelefon ist besetzt.
- Telefonnummer Krankenhaus 08976 67654, Durchwahl 456

Telefongespräch 2
Sie sind der Sohn von Max Gernot. Sie rufen auf Station 4 an.
- Sie möchten mit dem Stationsarzt sprechen.
- Besuchszeiten?
- Ihre Telefonnummer: 0764 56 88 76

Sie arbeiten als Gesundheits- und Krankenpfleger auf Station 4. Max Gernot ist Ihr Patient.
- Der Stationsarzt ist auf Visite.
- Besuchszeiten: 14–20 Uhr
- Telefonnummer?

Telefongespräch 3
Ihr Beruf
Sie sind: …
Sie möchten: …
…

Sie arbeiten …
…

Wortschatz **Ergänzen Sie das Telefonat.**

zurückrufen   durchstellen   verbinden   bleiben   Durchwahl   ~~melden~~

1. ○ Guten Tag, Frau Dr. Schöneck hat mich angerufen. Ich soll mich *melden*.
2. ● Dr. Schöneck ist leider nicht da, soll sie Sie ……………………?
3. ○ Nein, danke, aber könnten Sie mir die …………………… zu Station 12 geben?
4. ● Ja, gerne, aber ich kann Sie auch gleich …………………….
5. ○ Wenn das geht, danke, das ist nett. Ich …………………… am Apparat.
6. ● Ich …………………… Sie erstmal ins Stationszimmer …………………….

Berufssprache **Sich am Telefon melden – Schwester Inga meldet sich am Telefon. Wie macht sie das? Verbinden Sie 1–5 mit a–e und ordnen Sie dann die Sätze 1 und 2.**

1. Guten Tag.	a) Namen und Funktion nennen
2. St. Josef-Krankenhaus Bad Berlheim,	b) die Institution nennen
3. Station 9,	c) Hilfe anbieten
4. Schwester Inga am Apparat.	d) begrüßen
5. Wie kann ich Ihnen helfen?	e) die Abteilung nennen

1. Berger am Apparat / Büro Müller / Hausmeisterbetrieb Müller / Guten Morgen / Was kann ich für Sie tun?
2. Mit wem möchten Sie sprechen? / Firma Yildirim / Guten Tag / Helene Klar / Empfang

Guten Morgen. Hausmeisterbetrieb Müller, …

die/der Angehörige, -n eine Person aus der Familie, z. B. die Mutter, der Bruder, der Partner

Auskunft geben eine Information geben

durchstellen einen Anruf weiterleiten

die Durchwahl (Sg.) in einem Krankenhaus, einem Amt oder einer Firma die Telefonnummer von einer Person oder einem Raum

die Pforte, -n der Eingang mit der Rezeption und Information

verbinden *hier:* Kontakt z. B. zwischen zwei Personen herstellen

Redemittel **Frau Lösch telefoniert mit der Klinik. Schreiben und sprechen Sie das Telefonat in der richtigen Reihenfolge.**

Klinikpersonal

- ● Urban-Krankenhaus, Pforte, Müller am Apparat. Was kann ich für Sie tun?
- ● Wie heißt Ihr Vater?
- ● Wie schreibt man das?
- ● Soll ich Sie durchstellen?
- ● Ich verbinde Sie mit dem Stationszimmer. Bleiben Sie am Apparat.
- ● Hören Sie? Das Stationstelefon ist besetzt. Soll ich Ihnen die Durchwahl geben? Die ist 564.
- ● Unter welcher Nummer sind Sie telefonisch zu erreichen?
- ● Ich wiederhole: 0154 3572 97.
- ● Auf Wiederhören.

Angehörige

○ Tschüs.   ○ 0154 3572 97.   ○ Dieter Brunner.

○ Ja, verbinden Sie mich bitte.   ○ Ja, das ist korrekt.

○ Danke, dann rufe ich gleich selber an.

○ Lösch hier. Mein Vater liegt bei Ihnen.

○ Mit B und Doppel-N.   ○ Ja, ich bleibe dran.

• Urban-Krankenhaus, Pforte, Müller am Apparat. Was kann ich für Sie tun?
o Lösch hier. Mein Vater liegt bei Ihnen.
• Wie heißt …

Schreiben **Eine SMS schreiben – Sie sind die Nachbarin von Herrn Brunner. Er liegt im Krankenhaus und Sie möchten ihn besuchen. Schreiben Sie ihm eine SMS. Beachten Sie folgende Punkte:**

- Besuchszeiten
- Was mitbringen?
- Gute Wünsche
- Besuch: Passt wann?

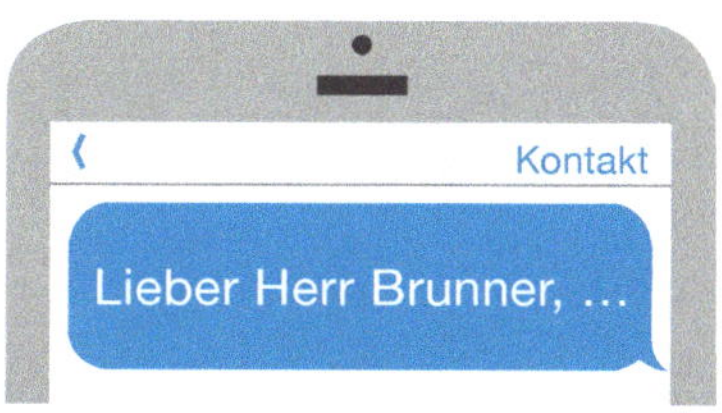

Mitarbeiter Kollegen Vorgesetzte

4 Hierarchien verstehen

a **Sehen Sie die Bilder von einer Station im Krankenhaus an. Wer gibt Anweisungen? Wer bekommt Anweisungen? Was meinen Sie? Sprechen Sie im Kurs.**

(A)

du | Sie

Krankenpflegerin + Arzt

(B)

du | Sie

Pflegedienstleiterin + Krankenpflegerin

(C)

du | Sie

Oberärztin + Arzt + Ärztin

(D)

du | Sie

Krankenpflegerin + Schwesternhelferin

Auf Bild A gibt ein Arzt der Krankenpflegerin eine Anweisung. Sie soll …

18–21 **b** **Hören Sie die Dialoge und kontrollieren Sie Ihre Antworten in 1a. Wer duzt und wer siezt? Kreuzen Sie an.**

c **Wer ist wofür zuständig? Verbinden Sie die Berufe 1–5 mit den Zuständigkeiten a–e.**

1. Der Oberarzt – Die Oberärztin
2. Der Assistenzarzt – Die Assistenzärztin
3. Der Pflegedienstleiter – Die Pflegedienstleiterin
4. Der Gesundheits- und Krankenpfleger – Die Gesundheits- und Krankenpflegerin
5. Der Krankenpflegehelfer – Die Krankenpflegehelferin

a) hilft Patienten zur Toilette, bringt Essen, räumt Geschirr ab
b) ist für das Pflegepersonal zuständig, schreibt die Dienstpläne.
c) ist für die Pflege der Patienten zuständig, teilt Medikamente aus, verbindet Wunden, bereitet Patienten für Operationen vor.
d) ist für die Behandlung von Patienten/Patientinnen zuständig, untersucht, verschreibt Medikamente, operiert Patienten.
e) ist für die Organisation des ärztlichen Personals zuständig.

d **Tragen Sie die fünf Berufe aus 4c in die Grafik ein.**

Hierarchie im Krankenhaus

Ärztliches Personal

Oberarzt/Oberärztin ....

....

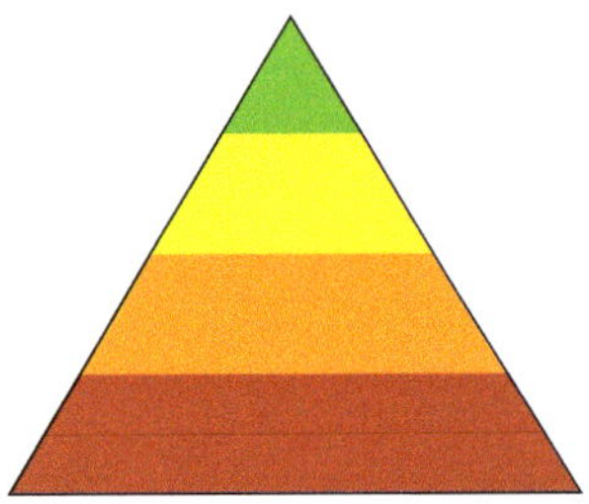

Pflegepersonal

....

....

Krankenpflegehelfer/in ....

e **Zeichnen Sie eine Grafik wie in 4d und tragen Sie die Hierarchie in Ihrem Beruf ein. Erklären Sie, wer wofür zuständig ist.**

f **Spielen Sie Dialoge. Wen duzen, wen siezen Sie?**

Schwesternhelfer/in Arbeitsaufgaben heute?	**Arzt/Ärztin** Arbeitsaufgaben heute?	**Krankenpfleger** Übergabe	Ihre Idee
Stationsleitung Frau Murr baden, beim Anziehen helfen	**Oberarzt/Oberärztin** Gespräch mit Frau Murr über Operation	**Krankenschwester** Übergabe	

Wortschatz **Berufe und Tätigkeiten im Krankenhaus. Wer ist wofür nicht zuständig? Kreuzen Sie an.**

1. die Ärztin
   - (a) ☒ Patienten baden
   - (b) Patienten behandeln
   - (c) Patienten operieren
2. der Krankenpfleger
   - (a) Medikamente austeilen
   - (b) Medikamente verschreiben
   - (c) Arme verbinden
3. die Pflegedienstleitung
   - (a) Dienstplan schreiben
   - (b) organisieren
   - (c) Patienten die Füße baden
4. der Assistenzarzt
   - (a) Patienten untersuchen
   - (b) Patienten behandeln
   - (c) Patienten das Frühstück bringen
5. die Schwesternhelferin
   - (a) Patienten untersuchen
   - (b) Patienten zur Toilette helfen
   - (c) Patienten das Essen bringen

Strukturen **Schreiben Sie, wer die Tätigkeit, die Sie oben aussortiert haben, macht.**

Die Ärztin badet keine Patienten, sondern operiert und behandelt sie.

Berufssprache a **Lange Wörter verstehen – Markieren Sie in langen Wörtern die Wörter, die Sie kennen. Erklären Sie die Wörter wie im Beispiel.**

Pflegedienstleiterin Krankenpflegehelfer Pflegepersonal Chefärztin

weiblich

≠ Bruder → Schwester**n**helfer**in**

-n- *helfen = der Helfer*

Eine Schwesternhelferin ist eine Frau. Sie hilft den Schwestern.

Berufssprache b **Hierarchie im Krankenhaus – Wer ist was? Ordnen Sie zu.**

1. Oberarzt/-ärztin
2. Stationsarzt/-ärztin
3. Gesundheits- und Krankenpfleger/in
4. Physiotherapeut/in

Vorgesetzte/r
Kollege/-in

a) Stationsarzt/-ärztin
b) Pflegedienstleitung
c) Gesundheits- und Krankenpfleger/in
d) Pflegehelfer/in

Der Stationsarzt ist der Vorgesetzte von der Gesundheits- und Krankenpflegerin.

der Assistenzarzt, ¨-e / die Assistenzärztin, -nen Arzt/Ärztin ohne leitende Funktion

die Behandlung, -en was Ärztinnen und Ärzte mit Kranken machen, damit sie gesund werden. → behandeln

der Dienstplan, ¨-e eine Liste für die Arbeitszeiten: Wer arbeitet wann?

die Hierarchie, -n

der Krankenpflegehelfer, – / die Krankenpflegehelferin, -nen Mitarbeiter/innen, die nach mehreren Wochen Unterricht und Praktikum im Pflegebereich arbeiten

der Pflegedienstleiter, – / die Pflegedienstleiterin, -nen Chef/in der Pflegekräfte auf einer Station im Krankenhaus → die Pflegedienstleitung

verschreiben ein Rezept für ein Medikament schreiben

Lesen **Duzen und siezen am Arbeitsplatz – Lesen Sie den Text und kreuzen Sie an: richtig oder falsch?**

Am Arbeitsplatz in Deutschland siezt man normalerweise die Vorgesetzten, man sagt also Sie, Ihnen oder Ihr, und die Vorgesetzten siezen zurück. So lange man die Kolleginnen und Kollegen noch nicht gut kennt, siezt man sie auch. Oft bieten sich Kolleginnen und Kollegen aber nach einiger Zeit das Du an: Sie duzen sich. Hier ist wichtig: Wer bietet wem das Du an? Grundsätzlich fragt der ältere Kollege den jüngeren. Steht ein Mitarbeiter in der Hierarchie niedriger als ein anderer Mitarbeiter, darf er ihm das Du nicht anbieten. Das bedeutet z. B.: Ist die Chefin jünger als ihr Mitarbeiter, bietet sie ihm das Du an, nicht umgekehrt. Kunden, Patienten und Personen, die man nicht kennt, werden immer gesiezt.

	R	F
1. Normalerweise duzen Vorgesetzte ihre Mitarbeiter.	☐	☐
2. Wenn sich Kollegen gut kennen, duzen sie sich meistens.	☐	☐
3. Vorgesetzte dürfen Mitarbeitern das Du anbieten.	☐	☐
4. Neue Kunden kann man direkt duzen.	☐	☐

4 Arbeit im Freien

Garten- und Landschaftsbaumeister → Kunden

1 Einen Plan lesen und verstehen

a Sehen Sie die Zeichnung an. Was ist das?

☐ 1. Plan eines Parks ☐ 2. Plan eines Gartens ☐ 3. Plan eines Spielplatzes ☐ 4. Plan eines Firmengeländes

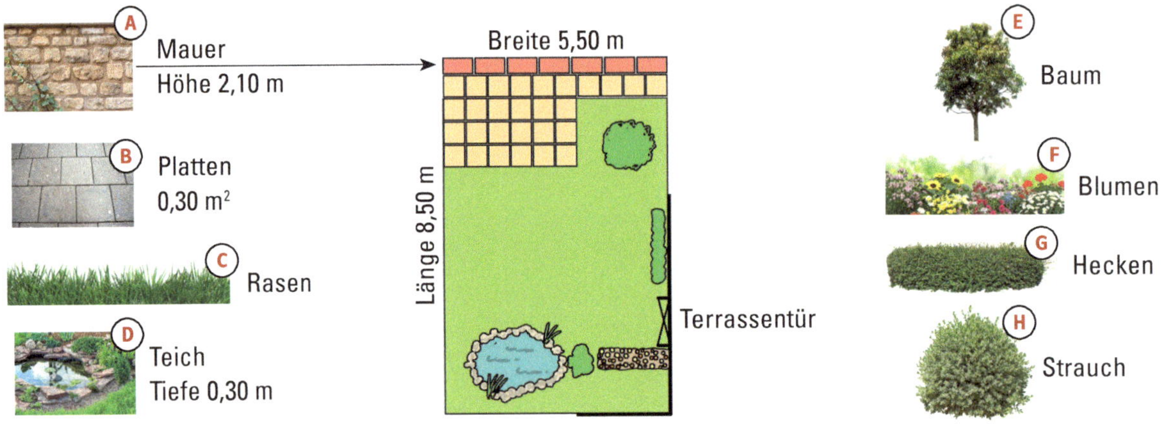

22 **b Hören Sie den Anfang des Gesprächs zwischen Familie Meyer und Herrn Melzer. Was ist das Thema? Kreuzen Sie an.**

1. Familie Meyer möchte … neu gestalten lassen:
   (a) eine Terrasse
   (b) einen Garten
2. Den Plan hat … gemacht.
   (a) der Gärtnermeister Melzer
   (b) Familie Meyer

23 **c Hören Sie das Gespräch weiter und kreuzen Sie an: richtig oder falsch?**

	R	F
1. An der Seite zum Nachbargarten steht eine Mauer.	☐	☐
2. Gärtnermeister Melzer möchte vor der Mauer Natursteinplatten verlegen.	☐	☐
3. Gärtnermeister Melzer möchte Rasen säen, Blumen und eine Hecke pflanzen.	☐	☐
4. Den Rasen mäht Gärtnermeister Melzer.	☐	☐
5. Herr Meyer möchte keine hohe Hecke vor dem Fenster.	☐	☐
6. Der Teich wird 1,60 m lang und 0,30 m tief.	☐	☐

d Verbinden Sie Fotos und Symbole auf dem Plan.

e Sehen und lesen Sie den Plan und beantworten Sie die Fragen.

1. Wie groß ist das Grundstück von Familie Meyer?
2. Wie breit und wie hoch soll die Mauer sein?
3. Wie groß sollen die Platten sein? Wo liegen Sie?
4. Wo soll der Strauch stehen?

f Planen Sie Ihren Traumgarten. Verwenden Sie die Redemittel.

einen Plan beschreiben

Die Länge des/der … beträgt … m.
Die Breite/Höhe ist … m.
Er/Es/Sie ist … m/m² groß.
Hier sind Regale/Tische.
Hier steht/hängt/liegt/befindet sich der/das/die …

Das ist der Eingang / das Schaufenster.
Hier ist die Theke/Kasse/Toilette/Heizung …
Hier ist das Lager / ein Nebenraum für …
Hierhin möchte ich den/das/die … stellen/hängen/legen.

g Und in Ihrem Beruf? Zeichnen Sie den Plan eines Geschäfts, Ladens, Büros, Marktstandes oder einer Werkstatt. Beschreiben Sie ihn Ihrem Partner / Ihrer Partnerin.

Wortschatz a **Schreiben Sie die Verben zu den Fotos.**

säen ~~pflanzen~~ mähen mauern graben verlegen

Ⓐ pflanzen

Ⓑ ....

Ⓒ ....

Ⓓ ....

Ⓔ ....

Ⓕ ....

Wortschatz b **Quadratmeter, Meter, Zentimeter – So schreibt man und so spricht man.**

~~20 m²~~ 20 m 4 m² fünfzig Zentimeter ~~5 m x 4 m~~ 12 cm ~~fünf auf vier Meter~~ zwölf Zentimeter

So spricht man	**So schreibt man**
1. zwanzig Quadratmeter	20 m²
2. fünf auf vier Meter	5 m x 4 m
3.	0,50 m *oder*: 50 cm
4. vier Quadratmeter	....
5.	0,12 m *oder*: ....
6. zwanzig Meter	....

Berufssprache **Die Vorsilbe *ver-* + Adjektiv**

1. lang etwas länger machen verlängern
2. .... etwas größer machen ....
3. .... etwas kleiner machen ....
4. .... etwas kürzer machen ....

⚠ etwas tiefer machen: vertiefe ~~r~~ n → vertiefen

Lesen **Lesen Sie den Plan und schreiben Sie Länge, Breite, Höhe und Tiefe.**

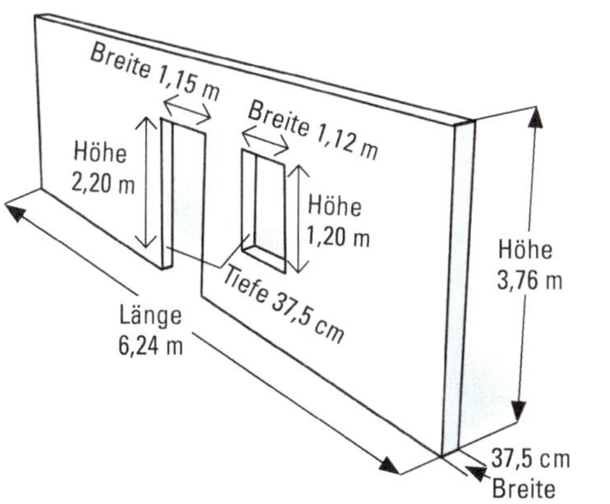

Maße Wand:

Höhe: 3,76 m

Breite: ....

Länge: 6,24 m

Maße Tür:

Höhe: ....

Breite: ....

Tiefe: ....

Maße Fenster:

Höhe: ....

Breite : 1,12 m

Tiefe: ....

die Bepflanzung, -en Pflanzen an einer bestimmten Stelle; eine Pflanze in die Erde setzen → pflanzen

betragen sein

gestalten etwas schön, praktisch machen; z. B. Gärten, Möbel, Kleidung

das Grundstück, -e Land, das jemandem gehört und auf dem z. B. ein Haus steht oder ein Garten ist

das Maß, -e
die Breite = breit
die Höhe = hoch
die Länge = lang
die Tiefe = tief

der Naturstein, -e

der Plan, ⸚e

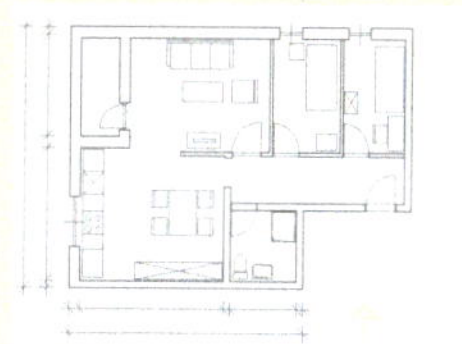

2 Arbeitsgeräte und Werkzeuge unterscheiden

a Sehen Sie die Arbeitsgeräte aus dem Garten- und Landschaftsbau an und ergänzen Sie die Wörter.

Rechen Schubkarre Spaten Heckenschere Rasenschere Laubbläser Schlauch
~~Rosenschere~~ Gärtnermesser Baumsäge Hacke Baumschere

(A)

die Rosenschere

(B)

der R..................n

(C)

der S..................h

(D)
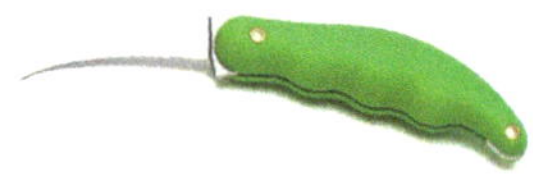
das G..................r

(E)

die S..................e

(F)

die R..................e

(G)

die H..................e

(H)

die B..................e

(I)

die H..................e

(J)

die B..........sch..........

(K)

der L..................r

(L)

der S..................n

24

b Hören Sie das Gespräch. Was soll Gärtnergehilfe Ruven mitnehmen? Kreuzen Sie an.

1. (a) die Rasenschere (b) die Heckenschere (c) die Rosenschere
2. (a) den Strauch (b) den Schlauch (c) die Schaufel
3. (a) den Spaten (b) die Hacke (c) den Rechen
4. (a) die Baumschere (b) den Baum (c) die Baumsäge
5. (a) die Schubkarre (b) den Rasenmäher (c) den Laubbläser

c Und in Ihrem Beruf? Welche Wörter kann man leicht verwechseln? Schreiben Sie Kärtchen für Werkzeuge und Arbeitsgeräte aus Ihrem Beruf. Schneiden Sie die Kärtchen in der Mitte durch und spielen Sie Memory®. Benutzen Sie ein Wörterbuch.

Föhnbürste	Papierschere	Schlüssel	Hefter	...
Haarbürste	Stoffschere	Schüssel	Heft	...

d Welche Arbeitsgeräte braucht man in Ihrem Beruf? Sprechen und raten Sie den Beruf.

Ich brauche Bestellaufnahmegerät, Geldbeutel und Gürteltasche.

Du bist Kellnerin.

Ich brauche Mörtel, Kelle und Wasserwaage.

Bist du ...?

Wortschatz a **Lösen Sie das Kreuzworträtsel. Die Wörter in 1a helfen.**

1 S	C	H	7									
2	2					Ä			3			
3				9								
4				B		8						
5			6									
6						1						
7	Ä		4								5	

1. Damit bewässert man den Garten.
2. Damit bläst eine Maschine Laub weg.
3. Damit schneidet man Rosen.
4. Damit transportiert man Abfall und andere Sachen im Garten.
5. Damit mäht man den Rasen.
6. Damit sägt man Holz und Bäume.
7. Damit schneiden Gärtner.

Lösungswort:

1	2	3	4	5	6		7	8	9
						P			

Wortschatz b **Was macht man mit welchem Arbeitsgerät? Verbinden Sie.**

1. Mit einer Schaufel / einem Spaten
2. Mit einer Heckenschere
3. Mit einem Wasserschlauch
4. Mit einem Rechen
5. Mit eine Hacke
6. Mit einem Gärtnermesser

a) schneidet man Blumen.
b) recht man Laub und Gras zusammen.
c) schneidet man Hecken.
d) hackt man den Gartenboden.
e) gräbt man.
f) bewässert man den Garten.

Berufssprache **Zusammengesetzte Nomen – Bilden Sie mit den Wörtern neue Begriffe.**

Rohr Kuchen ~~Arbeit~~ Salat Kreis Baum ~~Sport~~ Stich Tennis Fleisch Kabel Isolier

1. der Schuh *der Arbeitsschuh* *der Sportschuh* ....
2. die Gabel ....
3. die Säge ....
4. die Zange ....

Lesen **Lesen Sie die Notiz von Gärtnermeister Melzer an Ruven. Markieren Sie die zusammengesetzten Nomen. Teilen Sie die Nomen in ihre Bestandteile wie im Beispiel. x**

Hallo Ruven,
unser Arbeitsort morgen ist ein Bauernhof in Königs Wusterhausen. Unsere Auftraggeberin ist Frau Ott. Wir pflanzen Apfelbäume und machen Gartenarbeiten. Nimm bitte den Gartenplan, die Baumschere, die Gießkannen und Mülltüten mit. Pack auch die Blumensamen und frische Gartenerde ein. Denk an die Gummistiefel. Unsere Frühstückspause machen wir dort, Frau Ott hat uns Apfelkuchen versprochen. Nach der Mittagspause (ich bringe Käsebrötchen mit) fahren wir zum Kartoffelfeld von Herrn Braun.
Grüße
Torsten

Arbeitsort = der Ort, wo man arbeitet

bewässern Blumen und Pflanzen Wasser geben

blasen

graben

hacken
→ die Hacke

das Laub (Sg.)

rechen
→ der Rechen

sägen
→ die Säge

3 Wetterbezogene Entscheidungen begründen

a Sehen Sie die Fotos an. Welche dieser Tätigkeiten kann man auch bei Regen machen? Welche nicht? Was meinen Sie? Sprechen Sie.

A ☐

Äpfel ernten

B ☐

den Boden umgraben

C ☐

Rasen säen

D ☐

Unkraut jäten

E ☐

Rasen mähen

b Sehen Sie den Wetterbericht für die nächsten drei Tage und sprechen Sie darüber.

	Wetter am Dienstag		Wetter am Mittwoch		Wetter am Donnerstag	
Tageszeit		Temperatur		Temperatur		Temperatur
morgens		8°		4°		12°
mittags		12°		10°		18°
nachmittags		12°		10°		19°
abends		7°		7°		7°

Am Dienstagmorgen regnet es. Da kann man in einem Garten nicht …, aber man kann …

25 **c Hören Sie. Welche Tätigkeit können Gärtnermeister Melzer und Ruven bei Regen nicht machen? Kreuzen Sie in 1a an.**

25 **d Hören Sie noch einmal. Was ist richtig? Kreuzen Sie an.**

1. Ruven kann bei Regen nicht mähen, weil das Gras nass ist. ☐
2. Man kann bei jedem Wetter Unkraut jäten und Hecken pflanzen. ☐
3. Bei Regen ist der Boden nass und fest, deshalb kann Ruven nicht umgraben. ☐
4. Gewitter und Hagel sind gefährlich, aus diesem Grund können Gärtner nicht im Freien arbeiten. ☐
5. Am Donnerstag kann man jede Gartenarbeit machen, denn es ist gutes Wetter. ☐

e Rollenspiel – Notieren Sie das Wetter für diese Woche. Spielen Sie Dialoge. Welche Tätigkeiten kann man bei welchem Wetter machen und welche nicht? Begründen Sie.

wetterbezogene Entscheidungen

Am Vormittag regnet/schneit/… es, deshalb …
… müssen wir auf Montag/Dienstag/… verschieben, denn …
Es regnet/schneit/…, deshalb müssen wir mit … bis Montag/Dienstag/… warten.

Wenn es schneit/regnet/… können wir …
Wenn es schneit/regnet/… müssen wir …
Bei Regen/Schnee/30 Grad/… können wir …
Bei gutem/schlechtem Wetter können wir …
Das können wir bei dem Wetter (nicht) machen.

Erzieher/in	Bauingenieur/in	Skilehrer/in	Kellner/in (auf der Terrasse)
Maurer/in	Verkäuferin auf dem Markt	Landwirt/in	Ihr Beruf

Wortschatz **Was sagt der Wetterbericht? Ordnen Sie zu.**

 A 8

 B ☐

 C ☐

 D ☐

 E ☐

 F ☐

 G ☐

 H ☐

 I ☐

1. Es gibt Hagel.
2. Es gibt ein Gewitter.
3. Es ist bewölkt.
4. Es regnet.
5. Es schneit.
6. Es ist bewölkt und manchmal regnet es.
7. Es gibt einen Sturm.
8. Es ist sonnig.
9. Es gibt Nebel.

Berufssprache **Verben, die Vermehrung/Verminderung ausdrücken – Was bedeutet was? Ordnen Sie zu.**

~~zunehmen~~ abschneiden abbauen abnehmen abgeben aufbauen

1. zunehmen = mehr werden
2. .... = weniger werden
3. .... = kürzer machen
4. .... = größer bauen
5. .... = kleiner bauen
6. .... = weggeben

Strukturen a **Warum kann der Gärtner das (nicht) machen? Schreiben Sie Sätze mit *weil* und *denn*.**

1. wir / am Vormittag / nicht Rasen mähen können // es regnet stark
2. ich / diese Woche / nicht im Garten arbeiten // es schneit und ist kalt
3. wir / übermorgen / Blumen pflanzen // die Sonne scheint den ganzen Tag
4. Ruven / heute / Unkraut jäten // das Wetter ist gut
5. wir / nachmittags / nicht den Rasen bei Familie Meyer säen können // es gibt ein Gewitter

Am Vormittag können wir nicht den Rasen mähen, weil es stark regnet.
Am Vormittag können wir nicht den Rasen mähen, denn es regnet stark.

Strukturen b **Schreiben Sie die Sätze aus a mit *deshalb* und *aus diesem Grund*.**

Es regnet stark, deshalb können wir nicht den Rasen mähen.
Es regnet stark, aus diesem Grund können wir nicht den Rasen mähen.

Schreiben **Das Wetter spielt mit! Schreiben Sie eine E-Mail an Familie Meyer.**

Landschafts- und Gartenbauer Torsten Melzer schreibt eine E-Mail an Familie Meyer und informiert sie über die nächsten Arbeitsschritte.
- am Morgen Rasen mähen, Grund: es regnet nicht
- von 13:30–15:00 Uhr Kirschbaum pflanzen, Grund: es regnet, aber Regen ist kein Problem
- am Nachmittag nicht den Boden umgraben können, Grund: Gewitter

Liebe Familie Mayer,

ich möchte Sie über die Arbeiten morgen in Ihrem Garten informieren: Am Morgen ...

ernten Früchte oder Gemüse pflücken und sammeln

umgraben Erde im Garten wenden

der Hagel (Sg.) → hageln

jäten in einem Garten Pflanzen ausreißen, die man nicht haben möchte

säen Samen in die Erde legen, damit eine neue Pflanze wächst

der Sturm ¨-e → stürmen

das Unkraut (Sg.) Pflanze, die man nicht gepflanzt hat und die anderen Pflanzen beim Wachsen stört

4 Eine Bedienungsanleitung lesen und verstehen

a Für welche Maschinen oder Geräte haben Sie schon eine Bedienungsanleitung gebraucht? Sprechen Sie im Kurs.

b Sehen Sie den Rasenmäher an und lesen Sie die Bedienungsanleitung. Überlegen Sie im Kurs: Wofür braucht man die acht Teile?

c Lesen Sie die Bedienungsanleitung. Welche Teile vom Rasenmäher sind gemeint? Nummerieren Sie.

(5) Zuerst Tankdeckel öffnen und Benzin in den Tank füllen. Tankdeckel schließen.
( ) Vor dem Start bei kaltem Motor Öldeckel öffnen und kontrollieren, ob genug Öl im Ölbehälter ist.
( ) Wie kurz soll der Rasen werden? Vor dem Start Höhe des Rasens in Zentimeter einstellen.
( ) Wie schnell soll der Rasenmäher fahren? Nach dem Start Geschwindigkeit einstellen.
( ) und ( ) Mähen und Motor stoppen: Beim Mähen oberen Griff und Bremskontrollgriff mit beiden Händen gleichzeitig festhalten. Achtung: Loslassen des Bremskontrollgriffs stoppt den Motor!
( ) Beenden der Arbeit, Bremskontrollgriff loslassen, Rasenmäher hält an.
( ) Zuletzt sauber machen: Grasfangsack öffnen und leeren.

Mit dem Startergriff startet man den Rasenmäher.

d Wozu macht man das? Verbinden Sie.

1. Man öffnet den Tankdeckel,
2. Vor Inbetriebnahme öffnet man den Öldeckel,
3. Man muss die Höhe des Rasens in Zentimeter einstellen,
4. Man muss die Geschwindigkeit einstellen,
5. Man muss beim Mähen den oberen Griff und den Bremskontrollgriff gleichzeitig halten,
6. Man muss den Grasfangsack abnehmen,

a) um zu kontrollieren, ob genug Öl im Tank ist.
b) um das geschnittene Gras zu entleeren.
c) um Benzin in den Tank zu füllen.
d) damit die Maschine nicht stoppt.
e) um das Gras nicht zu kurz zu schneiden.
g) damit der Rasenmäher nicht zu schnell fährt.

e Welche Maschinen und Geräte gibt es in Ihrem Beruf? Bringen Sie ein Foto oder eine Bedienungsanleitung der Maschine mit. Erklären Sie Ihre Maschine im Kurs.

Mein Gerät / Die Maschine hat diese Teile ...
Man benutzt es/sie, um ... zu ...
Mit diesem Schalter kann man ... einschalten/ausschalten/einstellen.
Man muss ..., damit ...

Das ist ein Glätteisen. Man benutzt es, um Haare zu glätten. Mit diesem Schalter kannst du das Gerät ein- und ausschalten. Mit diesem Schalter kann man die Temperatur einstellen. Man muss ...

Wortschatz **Ergänzen Sie die Wörter. Die Wörter in der Bedienungsanleitung links helfen.**

1. Mit dem B*remskontrollgriff* bremst, kontrolliert und stoppt man den Rasenmäher.
2. Mit dem S.................................... startet man den Rasenmäher.
3. Im G.................................... sammelt der Rasenmäher das Gras.
4. Mit dem H.................................... stellt man ein, wie kurz der Rasen werden soll.
5. Mit dem G.................................... stellt man die Geschwindigkeit ein.

Wortbildung **Aus welchen Wörtern sind die folgenden Wörter zusammengesetzt? Markieren Sie die Wortteile und schreiben Sie wie im Beispiel. Manchmal gibt es zum Nomen kein Verb. Schreiben Sie dann –.**

Bremskontrollgriff   Höheneinstellschalter   Tankdeckel   Benzintank

| Brems | kontroll | griff |

die Bremse → bremsen
die Kontrolle → kontrollieren
der Griff → greifen

Strukturen **Schreiben Sie Sätze mit *um … zu*.**

1. der Startergriff *der Griff, um zu starten*
2. der Grasauffangsack ....
3. der Höheneinstellschalter ....
4. der Geschwindigkeitseinstellschalter ....
5. der Bremskontrollgriff ....

Berufssprache **Bedienungsanleitungen und Erklärungen – Ergänzen Sie die Tabelle.**

Bedienungsanleitung	Erklärung
1. Deckel öffnen	*Man öffnet den Deckel.*
2.	Man füllt Benzin in den Tank.
3. Öl kontrollieren	....
4.	Man drückt den Startergriff.
5.	Man startet den Motor.
6. Griffe mit beiden Händen gleichzeitig festhalten	....
7.	Man lässt den Bremsgriff los.

Schreiben **Was soll Gärtnergehilfe Ruven machen? Schreiben Sie eine Notiz für ihn.**

- den Rasenmäher kontrollieren
- den Grasauffangsack leeren
- das Gras in Mülltüten packen
- die Mülltüten auf die Straße stellen
- den Rasenmäher ins Auto laden

Lieber Ruven,
wenn du mit Rasenmähen fertig bist,
kontrollier bitte …
dann …

Bedienungsanleitung, -en
die Beschreibung, wie ein Gerät oder eine Maschine funktioniert = die Gebrauchsanweisung

der Deckel, –
z. B. der Tankdeckel

die Geschwindigkeit
(Sg.) km/h, wie schnell z. B. ein Auto fährt

der Griff, -e
→ greifen
z. B. der Türgriff

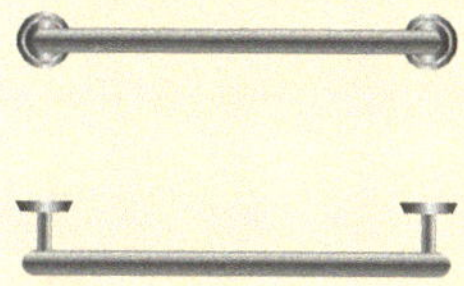

der Hebel, –

die Inbetriebnahme, -n
der Start

regeln *hier:*
(die Geschwindigkeit etc.) einstellen

der Schalter, –
→ schalten

5 Arbeitssuche

Arbeitssuchende – Mitarbeiterin der Arbeitsagentur

1 Sich bei der Arbeitsagentur arbeitsuchend melden

a **Lesen Sie die Sprechblasen. Was ist die Situation? Was muss Rosina May tun?**

b **Frau May geht auf www.arbeitsagentur.de. Welchen Punkt klickt sie an?**

Deine Stelle ist befristet. Leider können wir dich nicht weiter beschäftigen.

Ich muss mir eine neue Arbeit suchen, oh nein.

Bundesagentur für Arbeit — Meine eServices | Suche

(A) Arbeitslos und Arbeit finden	(B) Schule, Ausbildung und Studium	(C) Familie und Kinder	(D) Karriere und Weiterbildung	(E) Für Menschen aus dem Ausland

c **Lesen Sie die Information der Arbeitsagentur und 1–4. Was ist richtig? Kreuzen Sie an.**

Ihr Arbeitgeber hat Ihnen gekündigt, Sie haben selbst gekündigt oder Ihre befristete Arbeit endet?
Sie werden vielleicht arbeitslos? Melden Sie sich spätestens 3 Monate, bevor Ihr Arbeitsverhältnis endet, arbeitsuchend. Wenn Sie erst später erfahren, dass Sie arbeitslos werden, melden Sie sich innerhalb von 3 Tagen. Wir unterstützen Sie bei Ihrer Arbeitssuche und klären mit Ihnen gemeinsam, ob Sie finanzielle Hilfe bekommen können.
Sie können sich persönlich, telefonisch unter 0800 4 5555 00 oder online arbeitsuchend melden.

1. Es geht um Informationen für Menschen,
   (a) die noch nie gearbeitet haben.
   (b) die bald keine Arbeit mehr haben.
2. Man soll sich arbeitsuchend melden
   (a) drei Monate, bevor die Arbeit endet.
   (b) drei Tage, nachdem die Arbeit geendet hat.
3. Die Arbeitsagentur
   (a) hilft einem, einen neuen Job zu finden.
   (b) gibt einem gleich eine neue Arbeit.
4. Jemand, der Arbeit sucht,
   (a) muss zur Arbeitsagentur hingehen.
   (b) kann hingehen, anrufen oder im Internet ein Formular ausfüllen.

26 **d** **Frau May ruft bei der Arbeitsagentur an. Hören Sie. Streichen Sie die falschen Informationen durch.**

1. Frau May ruft ~~beim Jobcenter~~ / bei der Agentur für Arbeit an.
2. Sie meldet sich arbeitsuchend / arbeitslos.
3. Sie hat eine befristete / unbefristete Stelle.
4. Sie ist selbstständig / sozialversicherungspflichtig beschäftigt.
5. Sie muss sich am ersten / dritten Tag ihrer Arbeitslosigkeit arbeitslos melden.

e **Melden Sie sich telefonisch arbeitsuchend.**

Agentur für Arbeit, Lopez. Was kann ich für Sie tun?

Ihr Arbeitgeber hat Ihnen gestern zum Monatsende gekündigt.

Ihre Stelle ist auf ein Jahr befristet. Sie haben neun Monate gearbeitet.

Sie wollen in Ihrem Betrieb kündigen und eine neue Stelle suchen.

Ihre Idee

sich arbeitsuchend melden
Ich möchte mich arbeitsuchend melden.
Ich bin sozialversicherungspflichtig beschäftigt.
Mein Arbeitgeber hat mir gekündigt.
Ich habe gekündigt.

den Anruf entgegennehmen
Haben Sie noch Arbeit?
Wann endet Ihre Arbeit?
Haben Sie selbst gekündigt?

Wortschatz **Was passt zusammen? Bilden Sie sinnvolle Wortketten mit mindestens drei Begriffen. Sie können die Wörter rechts benutzen.**

Arbeitsverhältnis

befristet: Ein Arbeitsverhältnis kann befristet sein.

arbeitslos: Danach ist man wieder arbeitslos.

…

Leicht verwechselbare Wörter ***sollen* oder *müssen*? Ergänzen Sie.**

müssen ein Befehl bzw. eine Notwendigkeit
sollen *hier:* Eine andere Person sagt, was man tun muss oder vielleicht gut ist (Ratschlag). Der Mitarbeiter der Agentur für Arbeit hat gesagt, ich soll mich gleich am ersten Tag arbeitslos melden. Soll ich?

soll ~~muss~~ soll soll sollst musst musst sollst

- ● Ich muss .... eine Arbeit suchen, weil meine Ausbildung bald endet. Mein Freund hat gesagt, ich .... jetzt schon zur Arbeitsagentur gehen.
- ○ Ja, das stimmt, mach das! Du .... dort einen Termin vereinbaren. Die Berater erklären dir dann sicher, was du mitbringen ....
- ● Vielleicht mache ich eine Weiterbildung. Die Frau in der Arbeitsagentur meint, ich .... das tun. Was meinst du: .... ich?
- ○ Gute Idee. Ich finde auch, dass du das tun .... Aber .... du die Kosten für eine Weiterbildung selbst bezahlen?

Berufssprache ***un-* für Verneinung – Schreiben Sie das passende Adjektiv mit der Vorsilbe *un-*. Welche Wörter mit *un-* kennen Sie noch?**

1. nicht befristet = unbefristet
2. nicht bekannt = ...
3. nicht möglich = ...
4. nicht erfahren = ...
5. nicht pünktlich = ...
6. nicht qualifiziert = ...

Ich kenne noch „ungesund". Das bedeutet „nicht gesund".

Schreiben **Sie haben sich bei der Arbeitsagentur arbeitsuchend gemeldet. Sie möchten so schnell wie möglich eine neue Arbeit finden. Sie schreiben auch Ihren Freunden, dass Sie eine neue Arbeitsstelle suchen. Schreiben Sie etwas zu den folgenden vier Punkten:**

- erläutern Sie die Situation
- welche Stelle suchen Sie?
- wann können Sie anfangen?
- Bitte um Info, wenn jemand von einer freien Stelle weiß

< Startseite (2)

Hallo Leute,
wie ihr wisst, …

Verfasse eine Nachricht … Aa

die Arbeitsagentur (Agentur für Arbeit) (Sg.) Institution, die bei der Arbeitssuche hilft

das Arbeitsverhältnis, -se *hier:* eine Arbeitsstelle

arbeitsuchend jemand, der eine Arbeit sucht
→ sich arbeitsuchend melden

unbefristet etwas, z. B. ein Vertrag, hat kein vereinbartes Ende
Gegenteil: befristet

finanziell etwas, das mit Geld/Finanzen zu tun hat

das Jobcenter, – ein Teil der Arbeitsagentur

die Kündigung, -en die Beendigung von einem Vertrag, z. B. einem Arbeitsvertrag
→ kündigen

das Monatsende (Sg.) das Ende des Monats

sozialversicherungspflichtig beschäftigt Jemand arbeitet als Arbeiter/in oder Angestellte/r und bezahlt die Sozialversicherung, z. B. Krankenversicherung und Rentenversicherung. Der Arbeitgeber bezahlt einen Teil davon.

Arbeitsuchende | Vermittler

2 Persönliche Stärken benennen

a Drei Monate später bekommt Frau May eine Einladung. Lesen Sie die Einladung und beantworten Sie die Fragen.

1. Wohin wird Frau May eingeladen?
2. Wann soll sie dort sein?
3. In welchen Raum soll sie gehen?
4. Was soll sie mitbringen?

Bundesagentur für Arbeit

Frau Rosina May
Bachstr. 15
51063 Köln

Ansprechpartner: Herr Berg
Agentur für Arbeit Köln
berg@arbeitsagentur.de

Einladung

Sehr geehrte Frau May,
ich möchte mit Ihnen Ihre aktuelle berufliche Situation besprechen.

Ihre Termindaten:

Datum:	13.09.20…
Uhrzeit:	9:15 Uhr
Ort:	Luxemburger Str. 121, 50939 Köln
Raum:	2.32

Für weitere Informationen wenden Sie sich bitte an Ihre Agentur für Arbeit. Bitte bringen Sie auch Ihren Personalausweis oder Reisepass mit.

Mit freundlichen Grüßen

Ihre Agentur für Arbeit

27
P

b Hören Sie das Gespräch zwischen Frau May und dem Vermittler Herrn Berg zweimal. Entscheiden Sie beim Hören, ob die Aussagen 1–8 richtig (+) oder falsch (–) sind.

1. Herr Berg füllt zusammen mit Frau May das Bewerberprofil aus. (–)
2. Frau May hat Expertenkenntnisse in ihrem Beruf. ( )
3. Frau May spricht vier Fremdsprachen. ( )
4. Man kann fünf persönliche Stärken ankreuzen. ( )
5. Frau May möchte später ein Fitness-Center leiten. ( )
6. Sie arbeitet nicht gerne mit anderen zusammen. ( )
7. Für ihre Arbeit würde Frau May auch mal verreisen. ( )
8. Frau May hat ein Motorrad. ( )

c Persönliche Stärken – Lesen Sie und ordnen Sie die Bedeutung zu.

Stärke

1. Problemlösefähigkeit — g)
2. Entscheidungsfähigkeit
3. Organisationsfähigkeit
4. Belastbarkeit
5. Motivation
6. Zielstrebigkeit
7. Einfühlungsvermögen
8. Führungsfähigkeit
9. Teamfähigkeit
10. Flexibilität
11. Lernbereitschaft
12. Zuverlässigkeit

Bedeutung

a) Ich kann mit Stress umgehen.
b) Ich mache, was ich versprochen habe.
c) Ich bin motiviert und habe Freude bei meiner Arbeit.
d) Ich kann gut fühlen, wie sich andere Menschen fühlen.
e) Ich kann gut Entscheidungen treffen.
f) Ich bin offen für neue Situationen und komme damit klar.
g) Ich finde bei Problemen schnell eine Lösung.
h) Ich kann gut mit anderen zusammenarbeiten.
i) Ich lerne gerne etwas Neues.
j) Ich arbeite, bis ich mein Ziel erreiche.
k) Ich kann eine Gruppe von Menschen leiten.
l) Ich kann meine Arbeit gut planen und organisieren.

d Wählen Sie aus der Liste in 2c Ihre fünf persönlichen Stärken. Sprechen Sie.

Ich kann gut mit Stress umgehen: Ich bleibe in allen Situationen ruhig. Auch wenn's mal anders kommt.

eine Einladung der Agentur für Arbeit verstehen | ein Gespräch in der Agentur für Arbeit verstehen | persönliche Stärken benennen | einen Fragebogen zum Migrationshintergrund ausfüllen

Wortschatz **Ergänzen Sie. Die Wörter rechts helfen.**

1. Die Informationen zur Person stehen im Bewerberprofil.
2. Jemand mit sehr guten Kenntnissen ist ein E..
3. Jeder Mensch hat Stärken und F..
4. Jemand, der nach Deutschland zugewandert ist, hat einen M..
5. Jemand, der von deutschen Familien in Russland stammt, ist ein A..

Berufssprache **Welches Verb passt? Ergänzen Sie.**

leiten beherrschen finden umgehen erreichen ~~haben~~ treffen

1. Kenntnisse haben
2. eine Lösung ....
3. eine Gruppe ....
4. Fremdsprachen ....
5. eine Entscheidung ....
6. mit Stress ....
7. ein Ziel ....

P **Lesen** **Lesen Sie den Fragebogen zur Erhebung des Migrationshintergrunds und füllen Sie ihn für sich aus.**

	Fragebogen zum Migrationshintergrund	trifft zu	trifft **nicht** zu
1	Ich habe die deutsche Staatsangehörigkeit.		
2	a) Ich bin in der Bundesrepublik Deutschland geboren.		
	b) Ich bin 1950 oder später in die Bundesrepublik Deutschland zugewandert.		
3	a) Mein Vater ist nicht in der Bundesrepublik Deutschland geboren und ist 1950 oder später zugewandert.		
	b) Meine Mutter ist nicht in der Bundesrepublik Deutschland geboren und ist 1950 oder später zugewandert.		
4	Die folgenden Fragen beantworten Sie nur, wenn Sie die Frage 2b) mit „trifft zu" beantwortet haben.		
	a) Ich habe die deutsche Staatsangehörigkeit als Aussiedler/in oder Spätaussiedler/in bekommen.		
	b) Ich habe die deutsche Staatsangehörigkeit als Ehegatte/Ehegattin eines Aussiedlers / einer Aussiedlerin (eines Spätaussiedlers / einer Spätaus-siedlerin) bekommen.		
	c) Ich habe die deutsche Staatsangehörigkeit als Kind oder Enkelkind eines Aussiedlers / einer Aussiedlerin (eines Spätaussiedlers / einer Spätaus-siedlerin) bekommen.		

der Aussiedler, – / die Aussiedlerin, -nen Deutsche, die aus anderen Ländern (Russland, Kasachstan, Rumänien) nach Deutschland gezogen sind → Spätaussiedler/in

das Bewerberprofil, -e eine Darstellung der Fähigkeiten und Qualifikationen des Bewerbers

die Entscheidung, -en → entscheiden

der Experte, -n / die Expertin, -nen eine Person, die etwas sehr gut kennt oder kann

die Expertenkenntnisse (Pl.) sehr gute Kenntnisse

die Fähigkeit, -en etwas, was jemand gut kann

der Migrationshinter-grund (Sg.) den hat jemand, der zugewandert ist oder von einer Familie aus Zuwanderern kommt

motiviert Jemand tut etwas gerne, hat eine positive Haltung. → die Motivation

der Spätaussiedler, – / die Spätaussiedlerin, -nen Aussiedler/innen, die ab 1993 nach Deutschland gekommen sind → Aussiedler/in

die Stärke, -n etwas, was jemand gut kann, was sein Talent ist *Gegenteil:* die Schwäche

umgehen können mit *hier:* kein Problem mit etwas haben

zuwandern in ein neues, anderes Land ziehen, wo man leben will

3 Stellenangebote in der Jobbörse der Arbeitsagentur suchen

28 **a** **Lesen Sie und hören Sie das Gespräch zwischen Frau May und ihrem Freund. Was hat Frau May schon erledigt? Setzen Sie einen Haken in Frau Mays Checkliste.**

Das muss ich tun:
- *auf www.jobboerse.arbeitsagentur.de Zugangsdaten anlegen* ☑
- *meine persönlichen Daten vervollständigen* ☐
- *meinen Lebenslauf einstellen* ☐
- *meine Fähigkeiten ergänzen und bearbeiten* ☐
- *ein Stellengesuch verfassen* ☐
- *Stellenangebote suchen* ☐
- *Vermittlungsvorschläge lesen* ☐
- *mich bewerben, wenn ich eine Aufforderung bekomme* ☐

29 **b** **Hören Sie weiter und füllen Sie das Formular für Frau May aus.**

Meine erweiterte Suche nach Stellenangeboten

Stellenangebote suchen | Suche speichern

Allgemeine Suchkriterien

Sie suchen	Arbeit	Ändern
Berufe/Tätigkeiten	Es wurden noch keine Berufe ausgewählt.	
		Suchen
Nur Stellen mit folgenden Begriffen (max. 3)		
	☐ mindestens einen Suchbegriff berücksichtigen ☐ alle Suchbegriffe berücksichtigen	
Nur Stellen ohne folgende Begriffe (max. 3)		
Postleitzahl		
Ort		
Land	Deutschland	Land ändern
Region		
Umkreis (max. 200 km)		

Weitere Suchkriterien

Stellenangebote suchen | Suche speichern

29 **c** **Hören Sie noch einmal. Stellen Sie Fragen zu dem Gespräch und beantworten Sie Fragen.**

Wie heißt die Internetseite, auf die Frau May geht?

d **Sie suchen eine Stelle. Füllen Sie das Formular rechts aus. Sprechen Sie.**

Würdest du wirklich in einem Ort arbeiten, der 150 Kilometer weit weg ist?

Was suchen Sie? ☐ eine Ausbildung ☐ eine Stelle

In welchem Beruf?

....

In welchem Ort?

....

Wie weit darf die Stelle entfernt sein?

☐ 20 km ☐ 50 km ☐ 100 km ☐ 150 km ☐ 200 km

Wortschatz **Was passt zusammen? Verbinden Sie. Die Wörter rechts helfen.**

1. anmelden — c)
2. die Unterhaltung
3. die Dienstleistung
4. das Gebiet
5. die Stellenanzeige
6. die Zugangsdaten

a) die Region
b) der Service
c) registrieren
d) das Stellenangebot
e) Benutzername und Kennwort
f) der Chat

Berufssprache **Verb-Nomen-Komposita – Schreiben Sie die Wörter wie im Beispiel.**

kennen + das Wort → das Kennwort

1. kennen + das Wort = das Kennwort
2. suchen + der Begriff = ...
3. anrufen + der Beantworter = ...
4. lernen + die Bereitschaft = ...
5. bestellen + die Liste = ...
6. fahren + die Karte = ...
7. liefern + der Service = ...
8. sprechen + die Stunde = ...

P **Lesen** **Lesen Sie die Internetseite und schließen Sie die Lücken 1–8. Welche Lösung (a, b oder c) ist jeweils richtig?**

Anmeldung ...1... Dienstleistung setzt eine Anmeldung voraus. Bitte geben Sie hier ...2... Benutzernamen und Ihr Kennwort ein oder registrieren Sie ...3... im Portal der Agentur für Arbeit.

Benutzername Kennwort [anmelden]

Probleme bei der Anmeldung? Sie kommen nicht weiter und brauchen Unterstützung? Hier ...4... Sie Hilfe in unserem Chat: [Chat starten]

Kennwort vergessen? ...5... Sie Ihr Kennwort vergessen haben, ...6... Sie hier ein neues Kennwort per Post oder E-Mail anfordern. Bitte beachten Sie, ...7... der Versand nur möglich ist, wenn Sie in Ihrem Benutzerkonto eine E-Mail-Adresse hinterlegt haben.

[neues Kennwort anfordern]

Noch nicht registriert? Falls Sie noch keinen Benutzernamen und ...8... Kennwort haben, können Sie sich hier registrieren: [registrieren]

1. a) Dies b) Diese c) Diesen
2. a) Ihre b) Ihrem c) Ihren
3. a) dich b) mich c) sich
4. a) erhalten b) erhaltet c) erhälst
5. a) Ob b) Weil c) Wenn
6. a) können b) könnten c) konnten
7. a) da b) dass c) deshalb
8. a) kein b) keine c) keins

der Benutzername, -n Den muss man angeben, um sich bei einem Computerprogramm anzumelden.

der Chat, -s eine Unterhaltung im Internet

die Dienstleistung, -en eine Arbeit im Kontakt ≈ der Service

das Kennwort, ¨-er ein geheimes persönliches Wort, das man angeben muss, um Zugang auf ein Programm oder eine Internetseite zu bekommen → das Passwort

die Region, -en ein Gebiet in einem Land, z. B. das Ruhrgebiet

registrieren sich auf einer Internetseite mit Namen, Adresse und Kennwort anmelden

das Stellengesuch, -e Bewerbung um einen Arbeitsplatz

das Stellenangebot, -e Information, dass eine Stelle frei ist

der Umkreis (Sg.) das Gebiet um etwas herum

der Vermittlungsvorschlag, ¨-e Die Arbeitsagentur macht einen Vorschlag, wo man sich bewerben kann.

vervollständigen ergänzen

der Zugang, ¨-e Möglichkeit, irgendwo hineinzugehen

die Zugangsdaten (Pl.) Informationen, die man braucht, um auf eine bestimmte Internetseite zu kommen (Benutzername, Kennwort)

4 Befehle auf der Webseite jobboerse.arbeitsagentur.de verstehen

a Frau May liest in der Jobbörse der Agentur für Arbeit, wie sie eine Online-Bewerbung erstellt. Lesen Sie 1–6 und ordnen Sie A–F den Textabschnitten zu.

(A) Bewerbungsvorlage erstellen

(B) ❶ Anschreiben | ❷ Lebenslauf | ❸ Fähigkeiten | ❹ Anlagen

(C) Textvorlage verwenden / Anschreiben hochladen …

(D) Daten aus **Mein Lebenslauf** übernehmen / Lebenslauf hochladen …

(E) Fähigkeiten aktualisieren

(F) Anlage hochladen …

1. .... Sie können Ihre Anschreiben eingeben, die Textvorlage verwenden oder ein eigenes Anschreiben als Dokument hochladen.
2. .... Über diesen Button können Sie eine Vorlage erstellen, die Sie für alle Bewerbungen nutzen können. Die Vorlage besteht aus einem Anschreiben, Ihrem Lebenslauf, Ihren Fähigkeiten und Anlagen, z. B. Zeugnisse.
3. .... Hier werden Sie durch die Punkte „Anschreiben“, „Lebenslauf“, „Fähigkeiten“ und „Anlagen“ geführt.
4. .... Unter dem Punkt „Anlagen“ können Sie Dokumente zu Ihrer Bewerbung hinzufügen.
5. .... Sie können den Lebenslauf, den Sie unter „Meine Daten“ erstellt haben, übernehmen, bearbeiten oder löschen. Sie können aber auch einen neuen Lebenslauf hochladen.
6. .... Auch die Fähigkeiten werden aus dem Bewerberprofil „Meine Daten“ übernommen. Sie können sie aber jederzeit aktualisieren.

b Lesen Sie die Informationen 1–6 in 4a noch einmal und beantworten Sie die Fragen.

1. Wofür kann man die Vorlage nutzen?
   (a) für alle Bewerbungen, die man schreiben will
   (b) nur für eine einzige Bewerbung
2. Wie heißen die Teile einer Online-Bewerbung in der Jobbörse?
   (a) Persönliche Daten, Lebenslauf, Dokumente
   (b) Anschreiben, Lebenslauf, Fähigkeiten und Anlagen
3. Wie kann man ein Anschreiben für die Bewerbung erstellen?
   (a) Man muss es hochladen.
   (b) Man kann es online schreiben oder hochladen.
4. Kann man im Lebenslauf später noch etwas ändern?
   (a) Man kann jederzeit etwas ändern.
   (b) Man kann nichts mehr ändern.
5. Woher kommen die Informationen, die unter „Fähigkeiten“ stehen?
   (a) Sie kommen vom Arbeitsberater
   (b) Sie kommen aus dem Bewerberprofil.
6. Kann man eine Anlage hochladen?
   (a) Man muss dazu auf den Punkt „Anlagen“ gehen.
   (b) Das geht nicht.

c Schreiben Sie Internetwörter und Internetbefehle auf Karten. Fragen Sie im Kurs: Wer kann erklären, was das bedeutet?

Suchmaschine | *hochladen* | *zur Kasse gehen*

Wer kann erklären, was eine Suchmaschine ist?

Wortschatz **Verbinden Sie Satzanfang und Satzende.**

1. Man kann sich Dokumente
2. Über die Buttons
3. Es gibt im Internet
4. Die meisten Firmen haben eine
5. Man muss die Daten speichern,
6. Man kann Dokumente löschen,

a) eigene Webseite.
b) auf den eigenen PC herunterladen.
c) sonst verliert man sie.
d) gibt man dem PC Befehle.
e) die man nicht mehr braucht.
f) viele Vorlagen.

Berufssprache **Passiv – Formen Sie um.**

Der Computer …
1. führt die Befehle des Benutzers aus.
2. startet das Programm.
3. stellt die Internetverbindung her.
4. speichert die Anlagen.
5. löscht das Dokument.
6. lädt den Lebenslauf hoch.

Das wird gemacht:
1. Die Befehle des Benutzers werden ausgeführt.

Schreiben **Frau May nutzt die Textvorlage der Jobbörse für ein Anschreiben. Schreiben Sie mit den Bausteinen und mit der Textvorlage unten das Bewerbungsanschreiben von Frau May.**

22.03.20…

ich schreibe auf Ihr Stellenangebot in der Jobbörse der Arbeitsagentur.

Sehr geehrte Damen und Herren,

Ich habe 20… meine Ausbildung als Gymnastiklehrerin an der Berufsfachschule … abgeschlossen.

Die Stelle interessiert mich sehr, weil sie sehr gut zu meinen beruflichen Erfahrungen und zu meinen Fähigkeiten passt.

Sport ist ein wichtiger Teil meines Lebens.

Ihr Unternehmen interessiert mich seit langer Zeit, weil bei Ihnen auch Tanz und Musik groß geschrieben sind.

Ich liebe es, mit Menschen zu arbeiten, bin motiviert und aufgeschlossen.

Dann habe ich drei Jahre im Fitnesscenter … gearbeitet.

Ich kann zum 01.04.20… anfangen.

Über eine Einladung zu einem persönlichen Vorstellungsgespräch würde ich mich sehr freuen.

Mit freundlichen Grüßen

Datum der Bewerbung	Schreiben Sie das Datum so: Tag.Monat.Jahr z. B. 15.09.2019
Betreff	Bewerbung auf das Stellenangebot …
Anrede	Wählen Sie die richtige Anrede aus. Sehr geehrter Herr … / Sehr geehrte Frau … / Sehr geehrte Damen und Herren,
Anschreiben	Schreiben Sie zu diesen Punkten etwas. – Warum interessiert Sie das Stellenangebot? – Was ist Ihre Berufserfahrung? – Was sind Ihre Fähigkeiten und Eigenschaften? – Warum sind gerade Sie die richtige Person für die Stelle? – Warum interessiert Sie das Unternehmen? – Wann können Sie anfangen?
	Unterschreiben Sie mit Vor- und Nachnamen

aktualisieren aktuell machen

der Anhang, ¨-e eine Datei, die zusammen mit einer E-Mail verschickt wird

die Anlage, -n ein Dokument, das zusammen mit einem Brief verschickt wird

bearbeiten *hier:* ändern

der Befehl, -e ein Auftrag *hier:* Anweisung

der Button, -s

das Dokument, -e *hier:* ein Schriftstück von einem Amt, eine Urkunde, z. B. ein Zeugnis, ein Ausweis

eingeben im Internet schreiben

hinzufügen dazu tun

herunterladen eine Datei aus dem Internet auf den eigenen Computer speichern → downloaden

hochladen etwas vom eigenen Computer auf eine Internetseite stellen

löschen *hier:* auf dem Computer oder im Internet etwas entfernen

online im Internet

die Vorlage, -n ein Muster, das man immer wieder verwenden kann → die Textvorlage → eine Vorlage erstellen

6 Rechte und Pflichten

Betriebsrätin – Kollegen

1 Einen Vortrag des Betriebsrats verstehen

a Sehen Sie das Foto und lesen Sie die Information. Kreuzen Sie an.

1. Das Foto zeigt
   - ⓐ einen Vortrag über neue Rechte der Mitarbeiter/innen.
   - ⓑ einen Vortrag über die Aufgaben des Betriebsrats.

2. Der Betriebsrat engagiert sich
   - ⓐ für die Arbeitgeber.
   - ⓑ für die Arbeitnehmer.

Der BR bestimmt mit bei:

- ☐ Arbeitnehmer/innen mit Migrationshintergrund
- ☐ Arbeitsschutz + Gesundheitsschutz
- ☐ *1* Arbeitszeit
- ☐ Gleichstellung
- ☐ Lohn
- ☐ Ordnung im Betrieb
- ☐ Personal
- ☐ Rechte von Auszubildenden
- ☐ Weiterbildung

Nur Firmen mit mindestens fünf Mitarbeitern können einen Betriebsrat haben. Er vertritt die Rechte der Arbeitnehmer beim Arbeitgeber.
Die Mitarbeiter müssen über 18 Jahre alt und fest angestellt sein. Sie dürfen keine Leitungsposition haben.

30 **b Die Betriebsrätin Maia Kern erklärt, was ihre Aufgaben sind. Hören Sie. In welcher Reihenfolge kommen die ersten sieben Themen vor? Notieren Sie 1–7 in 1a.**

30 **c Lesen Sie die Aussagen und hören Sie noch einmal. Welche Punkte in der Präsentation oben passen?**

1. Ich kümmere mich darum, dass alle richtig bezahlt werden und zum Beispiel ihr Urlaubsgeld bekommen.
   Lohn
2. Als Betriebsrätin achte ich darauf, dass Männer und Frauen im Betrieb die gleichen Rechte haben.
   ....
3. Genauso wichtig ist mir, dass Kollegen mit Migrationshintergrund nicht diskriminiert werden.
   ....
4. Der Arbeitgeber muss mich informieren, wenn er jemanden neu einstellen will, und auch, wenn er jemandem kündigen will.
   ....
5. Manche Arbeitnehmer brauchen besonderen Schutz, z. B. schwangere Frauen oder ältere Kollegen.
   ....
6. Auch die Ordnung im Betrieb gehört zu meinen Aufgaben.
   ....
7. Ihr Vorgesetzter oder Ihre Vorgesetzte kann nicht einfach Arbeitsbeginn, Arbeitsende oder Pausenzeiten ändern, wie er/sie will.
   ....

d Die Zuhörer stellen Fragen. Verbinden Sie.

Das ist die Situation:
1. Eine Zuhörerin möchte mehr Informationen.
2. Eine Person versteht nicht, was Frau Kern meint.
3. Ein Mitarbeiter wünscht ein Beispiel.
4. Jemand will etwas genauer wissen.
5. Frau Kern soll noch über das Thema „Gleichstellung“ sprechen.

Das fragen die Zuhörer/innen:
a) Können Sie ein Beispiel geben?
b) Sagen Sie bitte noch etwas zum Thema „Gleichstellung“.
c) Darüber möchte ich gerne mehr wissen.
d) Was meinen Sie denn damit?
e) Was heißt das genau?

e Erzählen Sie etwas von Ihrer Arbeit. Wählen Sie ein Thema aus der Präsentation in 1a. Die anderen in Ihrer Gruppe fragen nach.

Ich habe früher in einem Krankenhaus gearbeitet. Da gab es ein Chaos mit den Arbeitszeiten.

Was meinst du denn damit?

Kannst du ein Beispiel geben?

eine Präsentation zu den Aufgaben des Betriebsrats verstehen | Verständnisfragen zu einer Präsentation stellen | ein Balkendiagramm beschreiben

Wortschatz **Die Betriebsrätin erzählt. Ergänzen Sie. Die Wörter rechts helfen.**

Ich muss mich um viele Probleme kümmern. In meinem Betrieb ist die hohe (1) A.................................b... ein wichtiges Thema, weil es sehr viel Arbeit und wenig (2) P.. gibt.

Ein gutes (3) B..k.................................... ist sehr wichtig, damit die Leute zufrieden sind. Ich spreche mit allen Kollegen und achte auf die (4) G................................s.. von Frauen und Männern. Ein wichtiges Thema ist auch der Lohn: Ich sorge zum Beispiel dafür, dass alle ihr (5) U.. bekommen.

Berufssprache **Ein Balkendiagramm lesen – Ergänzen Sie in 1–6 die fehlenden Ausdrücke und Zahlen.**

% = Prozent = von Hundert
70% = 70 Prozent = 70 von Hundert

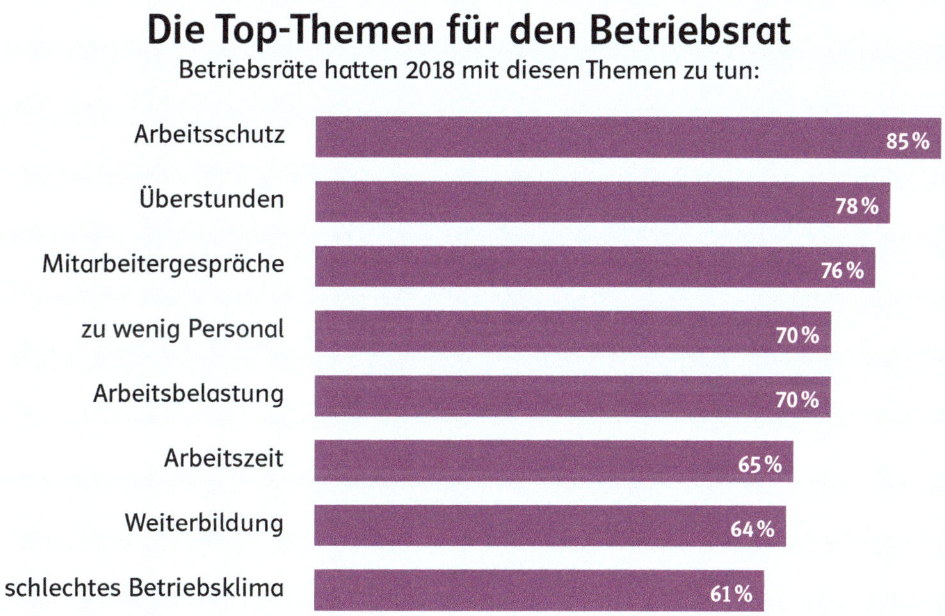

1. Für 85% der Betriebsräte war „Arbeitsschutz..................." das wichtigste Thema.
2. Zu viele Arbeitsstunden waren bei ....% das Problem.
3. Sehr wichtig (76%) waren auch die ....
4. Nicht genug Mitarbeiter und zu viele Aufgaben war Thema bei ....%.
5. Die Themen „Arbeitszeit" und „..." kamen fast gleich viel vor.
6. ....% kamen zum Betriebsrat, weil sie die Atmosphäre in ihrer Firma schlecht fanden.

Schreiben **Sie haben den Vortrag gehört. Schreiben Sie einem Freund / einer Freundin, was für Sie das wichtigste Thema war und warum.**

Hallo …,
ich war bei einem Vortrag …

die Arbeitsbelastung (Sg.) welche und wie viele Aufgaben man hat und wie schwierig und anstrengend die Aufgaben sind

das Betriebsklima (Sg.) das Klima, die Atmosphäre, die Stimmung in einem Betrieb, bei der Arbeit

der Betriebsrat, ¨-e / die Betriebsrätin, -nen Vertretung der Arbeitsnehmer/innen eines Betriebs
→ Betrieb, -e
→ vertreten

diskriminieren eine Person schlechter als andere behandeln

die Gleichstellung (Sg.) Alle Menschen haben die gleichen Rechte und müssen gleichbehandelt werden.

das Personal (Sg.) die Personen, die in einem Betrieb arbeiten

Überstunden machen länger arbeiten, als im Vertrag steht

das Urlaubsgeld (Sg.) Geld, das Arbeitnehmer für den Urlaub bekommen

vertreten *hier:* sich für die Rechte der Arbeitnehmer engagieren

Betriebsrätin – Kollegen

2 Nach Rechten und Pflichten fragen

a Nach Frau Kerns Vortrag gibt es Fragen. Ordnen Sie die Fotos A–F den Fragen 1–6 zu.

(A) ☐

(B) ☐

(C) ☐

(D) ☐

(E) ☐

(F) ☐

1. Kann die Firma mich zwingen, stundenlang am Bildschirm zu arbeiten?
2. Bin ich verpflichtet, auch in meiner Freizeit geschäftliche E-Mails zu beantworten?
3. Muss ich Arbeitshandschuhe anziehen, wenn mein Chef das verlangt?
4. Habe ich das Recht, mit meinen Freunden über neue Projekte im Betrieb zu sprechen?
5. Darf der Arbeitgeber einer Frau kündigen, wenn sie ein Kind erwartet?
6. Ist es meine Pflicht, bei der Arbeit Deutsch zu sprechen?

31 **b Hören Sie. Worum geht es? Kreuzen Sie an.**

Frau Kern spricht (a) über die Vorschriften im Betrieb. (b) über Rechte und Pflichten.

31 **c Hören Sie noch einmal. Streichen Sie in der Antwort die falschen Wörter durch.**

Zu 1. Sie haben ein / ~~kein~~ Recht auf Pausen von der Arbeit am Bildschirm.
Zu 2. Wenn Sie freihaben, hat die Firma einen / keinen Anspruch auf Ihre Arbeit.
Zu 3. Sie müssen / müssen keine Arbeitshandschuhe anziehen, denn Ihr Chef hat die Verantwortung für den Arbeitsschutz.
Zu 4. Sie dürfen / dürfen nicht mit Freunden über Betriebsgeheimnisse sprechen.
Zu 5. Eine Kündigung ist erlaubt / nicht erlaubt, wenn der Arbeitgeber von der Schwangerschaft weiß.
Zu 6. Der Arbeitgeber darf / darf nicht verlangen, dass Sie z. B. mit Kunden Deutsch sprechen.

d Wie fragen Sie danach? Sammeln Sie.

Muss ich …? Bin ich verpflichtet …? Kann die Firma mich zwingen …? Ist es meine Pflicht …? ~~Habe ich das Recht … zu …?~~ Habe ich einen Anspruch auf …? Gehört es zu meinen Aufgaben …? Muss mein Vorgesetzter akzeptieren, dass …? Kann der Chef von mir verlangen …? Darf ich …?

nach meinen Rechten fragen	nach meinen Pflichten fragen
Habe ich das Recht … zu …?	

e Schreiben Sie Fragen zu Rechten oder Pflichten auf Kärtchen. Beantworten Sie die Fragen. Wenn Sie eine Frage nicht beantworten können, lesen Sie im Internet nach.

Muss man bei der Arbeit sagen, dass man krank ist?

Mein Chef ruft mich ständig zu Hause an und will, dass ich irgendetwas erledige. Darf er das denn?

Bin ich verpflichtet, Überstunden zu machen?

Ihre Idee

Wortschatz **Ergänzen Sie. Die Wörter rechts helfen.**

Das sollte ein Arbeitnehmer / eine Arbeitnehmerin tun:

1. regelmäßig P.. bei der Arbeit machen
2. sich über R.................................. und P..................................
   im Betrieb informieren
3. nicht über B.. sprechen
4. den Anweisungen des/der V.. folgen
5. über eine S.. informieren
6. seine Pf.. nicht vergessen, bei Krankheit
   nach drei Tagen eine Krankschreibung vorzulegen

Strukturen **Bilden Sie Sätze mit dem Infinitiv mit *zu*.**

1. ich / das Recht / haben / bei der Arbeit / im Internet / surfen / ?
   Habe ich das Recht, bei der Arbeit im Internet zu surfen?
2. der Arbeitgeber / von Ihnen / nicht verlangen können / arbeiten / unbezahlt / .
   ....
3. es meine Pflicht / sein / die Tür / abschließen / ?
   ....
4. die Firma / mich zwingen können / am Sonntag / arbeiten / ?
   ....
5. jeder / verpflichtet sein / auf den Arbeitsschutz / achten / .
   ....

das Betriebsgeheimnis, -se eine Information aus dem Betrieb, die geheim ist und deshalb andere Betriebe nicht wissen sollen

die Schwangerschaft, -en Eine Frau erwartet ein Kind.

die Pflicht, -en etwas, was man tun muss, weil es ein Gesetz, eine Vorschrift oder eine Erwartung gibt
Gegenteil: das Recht
→ verpflichtet sein = die Pflicht haben

das Recht, -e etwas, was man tun darf; einen Anspruch, den man hat. Die Rechte von Arbeitnehmern sind u. a. im Arbeitsvertrag geregelt.
Gegenteil: die Pflicht

der/die Vorgesetzte, -n eine Person, die im Betrieb höher steht und Anweisungen geben kann = der Chef, die Chefin

zwingen jemanden mit Druck dazu bringen, etwas zu tun, was er/sie nicht will

Berufssprache **Anweisungen mit *ist/sind zu …* – Schreiben Sie die Anweisungen.**

1. den Geschäftsführer sofort informieren Der Geschäftsführer ist sofort zu informieren.
2. die Türen immer schließen Die Türen sind immer zu schließen.
3. Überstunden aufschreiben ....
4. die Werkstatt sauber halten ....
5. bei der Arbeit Schutzkleidung tragen ....
6. E-Mails noch am selben Tag beantworten ....
7. die Anweisungen beachten ....

Schreiben **Sie waren bei der Präsentation von Frau Kern. Sie möchten persönlich mit ihr sprechen. Schreiben Sie ihr eine E-Mail. Schreiben Sie zu diesen Punkten:**

- wie Sie die Präsentation fanden
- warum Sie mit ihr sprechen möchten
- dass Sie einen Termin möchten
- wann Sie Zeit haben

Sehr geehrte Frau Kern,
ich war bei Ihrem Vortrag über …

Vorgesetzter Mitarbeiter

3 Kummerkasten-Nachrichten verstehen

P **a Frau Kern leert den Kummerkasten und notiert beim Lesen den Betreff. Lesen Sie die folgenden fünf Texte. Entscheiden Sie, welcher Betreff (a–i) am besten zu den Nachrichten passt.**

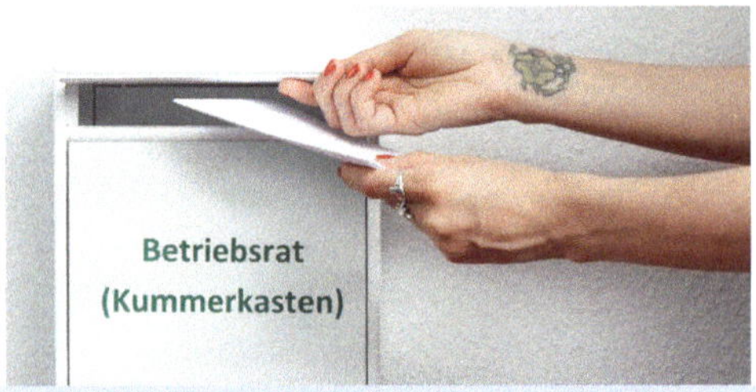

1. *Überlastung*

Hallo Frau Kern,
Sie sollten sich mal die Arbeitszeiten in der Kundenbetreuung anschauen. Wir arbeiten Gleitzeit und können Überstunden abbummeln. Aber wann? Zwei Mitarbeiter sind schon lange krank und wir anderen machen ihre Arbeit. Wir sind total überlastet!

2. ....

Der Vertrag von unserer Kollegin wird nicht verlängert, obwohl wir Arbeit genug haben! Das können wir nicht akzeptieren. Wir haben schon mit unserer Vorgesetzten Frau Petri gesprochen, aber mit geringem Erfolg. Bitte sprechen Sie mal mit ihr.

3. ....

Liebe Frau Kern,
ich fand Ihren Vortrag interessant. Ich habe ein Problem mit meiner Ausbildung, weil ich nichts Sinnvolles lerne! Ich muss immer nur aufräumen. Ich habe mich schon über die schlechte Ausbildung beschwert, aber mein Ausbilder hat wenig Zeit für mich. Können Sie mir helfen?
Viele Grüße
Haki Schuster, Azubi im Verkauf

4. ....

Es gibt in unserer Abteilung ein Problem, das ich nur auf diesem Weg ansprechen kann. Es geht um den Kollegen Krüger. Er belästigt uns Kolleginnen. Das macht er aber nur, wenn er eine alleine trifft, zum Beispiel im Flur. Können Sie vielleicht mal mit ihm reden?

5. ....

Hallo Frau Kern,
Sie engagieren sich doch für die Gleichstellung von Mann und Frau. Ich mache genau dieselbe Arbeit wie mein Kollege, aber mein Gehalt ist niedriger. Es ist doch nicht gerecht, dass Frauen weniger Geld bekommen! Bitte rufen Sie mich an. Danke!
Almut Meier

a) Betriebsklima	d) Alkohol am Arbeitsplatz	g) ~~Überlastung~~
b) Recht auf Ausbildung	e) Diskriminierung beim Gehalt	h) Weiterbeschäftigung
c) sexuelle Belästigung	f) Pausenregelung	i) Weiterbildung

b Lesen Sie noch einmal. Beantworten Sie die Fragen. Stellen Sie selbst Fragen zu den Texten.

1. Warum sind die Mitarbeiter in der Kundenbetreuung überlastet?
2. Was wollen die Mitarbeiter in Nachricht 2?
3. Welches Problem hat der Auszubildende?
4. Warum soll Frau Kern mit Herrn Krüger sprechen?
5. Was ist das Ziel von Almut Meier?

Welche Nachricht hat eine Frau geschrieben?

c Stellen Sie im Klassenraum einen Kummerkasten auf. Haben Sie ein Problem im Kurs oder einen Verbesserungsvorschlag? Schreiben Sie eine Nachricht.

Probleme ansprechen, Wünsche äußern
Ich finde, wir sollten …
Ich habe ein Problem mit …
Ich wünsche mir, dass …
Wie wäre es, wenn …

Ich wünsche mir, dass wir auch mal rausgehen und einen Betrieb anschauen. Was meint ihr dazu? Paula

Wortschatz **Ergänzen Sie. Die Wörter rechts helfen.**

Eine Betriebsrätin hat viele Aufgaben. Viele Kollegen kommen, weil sie (1) ü*berlastet* .... sind. Manche wollen mit ihr sprechen, weil sie ihr (2) G.................... nicht (3) g.................... finden. Andere beschweren sich über die (4) P..................... In Frau Kerns Betrieb ist das Betriebsklima aber insgesamt ziemlich gut. Es kommt selten vor, dass jemand wegen (5) B...................., (6) D.................... oder einem anderen Problem mit Kollegen oder Vorgesetzten zu ihr kommt.

Leicht verwechselbare Wörter ***gering*** **oder** ***wenig*****? Ordnen Sie die passenden Wörter zu. Sammeln Sie zu den Angaben weitere Beispiele.**

gering niedrig, klein, nicht sehr gut; Gegensatz: *groß, hoch*
wenig/wenig kleine Zahl oder Menge; Gegensatz: *viel/viele*

viel Arbeit — wenig Zeit — ~~gering~~ — wenige — gering — geringe Zahl

1. Die Chance, dass der Vertrag verlängert wird, ist *gering*.
2. Ich habe zurzeit .... Deshalb bin ich müde.
3. Er hat gekündigt. Sein Gehalt war zu ....
4. Die Betriebsrätin hat leider ....
5. Der Chef ist heute nur .... Stunden im Haus.
6. Eine .... von Mitarbeitern hat sich beschwert.

Lernen Sie die Wörter zusammen.

wenig Englisch — *geringe Kosten*

Berufssprache **Verben, die eine Vermehrung oder Verminderung ausdrücken – Schreiben Sie die Verben in die richtige Spalte.**

verbessern — weniger werden — steigen — ~~höher werden~~
zunehmen — abnehmen — sich vergrößern — mehr werden
sich verkleinern — ~~niedriger werden~~ — sich verschlechtern — sinken

+	–
höher werden	*niedriger werden*

Schreiben **Lesen Sie die Nachrichten aus dem Kummerkasten in 3c. Wählen Sie eine Nachricht und schreiben Sie eine Antwort.**

Liebe Paula,

ich habe deinen Zettel im Kummerkasten gelesen. Ja, du hast recht. Wir sollten mal rausgehen. Ich finde auch, dass wir einen Betrieb besuchen sollen. Wir können überlegen, wo wir mit dem ganzen Kurs hingehen. Wir müssen aber auch unsere Lehrerin fragen.

Viele Grüße

die Belästigung, -en eine Störung, *hier:* sexuell belästigen

die Diskriminierung, -en Manche Menschen (*hier:* die Mitarbeiter) werden schlechter behandelt als andere. → diskriminieren

das Gehalt, ¨-er Bezahlung für Arbeit
Das Gehalt ist jeden Monat gleich hoch. Wenn jemand Urlaub hatte oder Feiertage waren, bekommt er/sie das gleiche Gehalt wie sonst auch.

gerecht richtig, *hier:* wenn man Personen gleich behandelt

die Gleitzeit (Sg.) ein Arbeitszeitmodell mit einer festen Kernzeit und flexiblen Arbeitszeiten

die Pausenregelung, -en die Vorschrift zu den Pausen

die Überlastung (Sg.) Die Mitarbeiter müssen mehr arbeiten als für sie gut ist. → überlastet

Überstunden abbummeln für Überstunden Freizeit nehmen

verlängern länger machen, z. B. einen Vertrag

die Weiterbeschäftigung (Sg.) weiter eine Stelle bei einem Arbeitgeber haben

4 Informationen zum Mutterschutz erfragen

32
P

a Frau Gökmen ist schwanger. Sie macht einen Termin mit der Betriebsrätin. Hören Sie das Gespräch zweimal. Entscheiden Sie beim Hören, ob die Aussagen 1–10 richtig (+) oder falsch (–) sind.

1. Frau Kern bietet Frau Gökmen einen Kaffee an. ☐
2. Frau Gökmen erwartet ein Kind. ☐
3. Sie ist über den Mutterschutz gut informiert. ☐
4. Das Mutterschutzgesetz schützt Mütter vor und nach der Geburt. ☐
5. Frau Gökmen muss manchmal schwere Pakete heben. ☐
6. Sie arbeitet mit Chemikalien. ☐
7. Frau Gökmen hat ihren Chef schon informiert. ☐
8. Er darf ihr nicht kündigen, wenn sie schwanger ist. ☐
9. Frau Gökmen darf sechs Wochen vor und nach der Geburt nicht arbeiten. ☐
10. Frau Gökmen bekommt während der Mutterschutzzeit weiter ihren Lohn. ☐

Vor der Geburt

b Lesen Sie. Wer hat was gefragt oder gesagt?

	Mitarbeiterin	Betriebsrätin
1. Das ist ein Gesetz zum Schutz von Schwangeren am Arbeitsplatz.	☐	☒
2. Das verstehe ich noch nicht.	☐	☐
3. In welcher Abteilung arbeiten Sie?	☐	☐
4. Bedeutet das, dass ich nicht mehr arbeiten darf?	☐	☐
5. Weiß Ihr Vorgesetzter schon Bescheid?	☐	☐
6. Muss ich mit ihm sprechen?	☐	☐
7. Wann ist denn der Geburtstermin?	☐	☐
8. Heißt das, dass ich meinen Lohn bekomme, ohne zu arbeiten?	☐	☐

c Spielen Sie „Weiterfragen" – Eine Person spricht über ein Arbeitsthema. Die anderen fragen wie im Beispiel.

Erzählen Sie etwas über Ihre Kolleginnen und Kollegen.

Erzählen Sie etwas über Ihre Vorgesetzten.

Erzählen Sie etwas über Ihre Erfahrungen mit dem Betriebsrat.

Erzählen Sie etwas über Ihre Erfahrungen mit Mutterschutz.

Ihre Idee

In Tschechien ist der Mutterschutz viel länger als in Deutschland.

Wie lang denn?

28 Wochen.

Und bekommen die Frauen auch ihren Lohn weiter?

…

Wortschatz **Verbinden Sie. Die Wörter rechts helfen.**

1. der Stundenlohn
2. die Elternzeit
3. der Mutterschutz
4. das Elterngeld
5. das Gehalt

a) Eltern bleiben nach der Geburt zu Hause bei dem Baby.
b) Bezahlung für Stunden, die jemand gearbeitet hat
c) Geld für Eltern in der Elternzeit
d) Bezahlung für Arbeit, die jeden Monat gleich ist
e) besondere Vorschriften, wenn eine Arbeitnehmerin schwanger ist

Leicht verwechselbare Wörter ***Lohn* oder *Gehalt*? Ergänzen Sie.**

1. Emilia S. verdient in einer Großwäscherei 8,50 € die Stunde. Am Ende des Monats bekommt sie ein.......... ....
2. Ihr Mann Julio S. ist Busfahrer. Er verdient jeden Monat 2 123 €. Er bekommt ein.......... ....

Berufssprache **Nomen-Nomen-Komposita – Ergänzen Sie. Steht ein -s- zwischen den Wörtern? Sehen Sie im Wörterbuch nach.**

die Mutter — das Geld — die Eltern (Pl.) — die Geburt — der Schutz — die Kündigung — die Zeit — der Termin — der Schutz — die Eltern (Pl.)

1. besonderer Schutz für Schwangere: ....
2. an diesem Termin kommt das Baby: ....
3. der Arbeitgeber darf nicht kündigen: ....
4. Zeit für Eltern nach der Geburt eines Kindes: ....
5. Geld für Eltern: ....

P **Lesen a** **Information zur Elternzeit – Lesen Sie den Text und schließen Sie die Lücken 1–6.**

Die meisten Mütter und viele Väter wollen sich nach ....1.... Geburt ganz um ihr Baby kümmern. Dafür bekommen sie nach dem Gesetz bis zu drei Jahre Elternzeit. In dieser Zeit können sie ....2.... bleiben. Nach der Elternzeit gehen sie ganz normal wieder zur Arbeit. Das Arbeitsverhältnis ruht während der Elternzeit, ...3.... muss der Arbeitgeber kein Gehalt zahlen. Dafür ....4.... es vom Staat das Elterngeld – mindestens 300 Euro monatlich. Wenn man ....5.... Stelle hat, bekommt man bis zu 67 Prozent von seinem Gehalt, aber maximal 1.800 Euro im Monat. Aber Eltern, die mehr als 500.000 Euro im Jahr verdienen, bekommen ....6.... Elterngeld.

Nach der Geburt

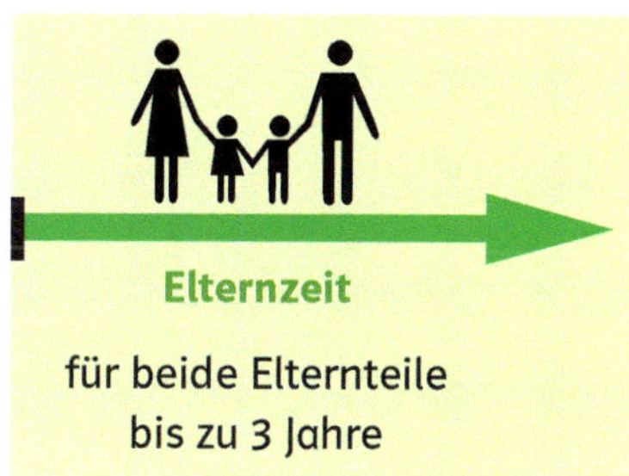

1.	2.	3.	4.	5.	6.
(a) das	(a) Haus	(a) deshalb	(a) gab	(a) ein	(a) kein
(b) der	(b) nach Hause	(b) obwohl	(b) geben	(b) eine	(b) keine
(c) die	(c) zu Hause	(c) weil	(c) gibt	(c) einen	(c) keiner

Lesen b **Lesen Sie noch einmal und beantworten Sie die Fragen.**

1. Wie lange können Eltern Elterngeld bekommen?
2. Wie hoch ist das Elterngeld?
3. Wann bekommt man kein Elterngeld?

das Elterngeld (Sg.) Geld vom Staat, wenn Eltern ihr Baby betreuen und deshalb eine Zeit lang nicht arbeiten wollen

die Elternzeit (Sg.) Berufstätige Eltern, die ein Kind bekommen haben, brauchen für eine Zeit von 36 Monaten nicht zu arbeiten und dürfen von ihrem Arbeitsgeber nicht gekündigt werden.

der Lohn, ¨-e Bezahlung für Arbeit
Der Lohn kann jeden Monat unterschiedlich sein. Wenn jemand z. B. seinen Lohn für eine Stunde Arbeit bekommt und viele Stunden arbeitet, bekommt er mehr Lohn, als wenn er/sie nur wenige Stunden arbeitet.
→ der Stundenlohn

der Mutterschutz (Sg.) Vorschriften zum Schutz von Mutter und Kind rund um die Geburt
→ das Mutterschutzgesetz

ruhen *hier:* nicht aktiv sein

Handwerk

1 Informationen über Arbeitsabläufe verstehen

a **Sehen Sie die Fotos an. Welche Situation haben Sie schon erlebt? Sprechen Sie im Kurs.**

A

B

C

D

E

F

b **Herr Bollm ist Anlagenmechaniker. Sehen Sie die Fotos A–F noch einmal an und lesen Sie die Werbeanzeige. Ordnen Sie zu.**

Firma Bollm Anlagentechnik
für Sanitär-, Heizungs- und Klimatechnik

Sie brauchen einen Fachmann / eine Fachfrau?
Das können wir für Sie in Privathaushalten, auf Baustellen und in der Werkstatt tun:

☐ ...A... 1. Wir verlegen Ihre Fußbodenheizung und schließen sie an.
☐ .... 2. Wir sorgen dafür, dass Wasser und Abwasser in den richtigen Leitungen fließen.
☐ .... 3. Wir beraten Sie und weisen Sie in die Bedienung von Geräten ein.
☐ .... 4. Wir installieren, warten und reparieren Ihre Solaranlage.
☐ .... 5. Wir befestigen Ihre Bad- und Küchenarmaturen.
☐ .... 6. Wir montieren Boiler in Bad und Küche.

www.bollm-anlagentechnik.de

33 **c** **Hören Sie das Interview. Über welche Tätigkeiten spricht Herr Bollm? Kreuzen Sie in 1b an.**

33 **d** **Hören Sie noch einmal und ergänzen Sie.**

gut mit Werkzeugen umgehen kann und handwerklich geschickt ist
Kein Tag ist wie der andere!
~~Anlagenmechaniker~~
mit Rohren aus Metall oder Kunststoff
die Beratung
sauberes Trinkwasser aus der Leitung kommt
der Einbau von Waschbecken, Badewannen, Duschkabinen und Toiletten

1. Ich bin … und möchte Ihnen heute meinen Beruf vorstellen.
2. Wichtige Tätigkeiten in meinem Beruf sind …
3. Ganz wichtig in meinem Beruf ist: Ich sorge dafür, dass …
4. Anlagenmechaniker arbeiten am meisten mit folgendem Material: …
5. Eine wichtige Aufgabe in unserem Beruf ist auch …
6. Besonders interessant an meinem Beruf ist: …
7. Für den Beruf Anlagenmechaniker ist man geeignet, wenn man …

1. Ich bin Anlagenmechaniker und möchte Ihnen heute meinen Beruf vorstellen.

e **Suchen Sie im Internet ein Handwerk und stellen Sie es vor.**

Informationen über Arbeitsabläufe verstehen | Tätigkeitsbeschreibungen und Informationen über Arbeitsabläufe eines Handwerks wiedergeben | einen Text über den eigenen Beruf schreiben

Wortschatz **Ergänzen Sie. Die Wörter rechts helfen.**

1. Eine H*eizung*.................. erwärmt die Luft, z. B. in Wohnungen.
2. Eine A.................. an der Badewanne dreht man auf, damit Wasser hinein fließt.
3. Wasser fließt durch R.................. aus Kunststoff und Metall.
4. Schmutziges Wasser nennt man A.................. und sauberes T.................. .
5. Eine F.................. ist eine Heizung im Boden.
6. Eine K.................. kühlt die Räume in einem Gebäude, wenn es heiß ist.
7. Ein B.................. ist ein elektrisches Gerät, in dem man heißes Wasser macht.

Wortbildung **Nomen und Verben – Wie heißen die passenden Verben oder Nomen? Notieren Sie weitere Beispiele.**

Nomen	Verb
die Spüle	*spülen*
	abfließen
die Heizung	
die Montage	
	reparieren

Nomen	Verb
die Wartung	
	sanieren
die Anlage	
	installieren
der Anschluss	

Berufssprache **Schreiben Sie einen Tätigkeitsbericht für den Anlagenmechaniker so wie im Beispiel.**

Tätigkeiten		Auftragsbuch
1. Montag:	*Heizkörper anschließen*	Anschluss Heizkörper
2. Dienstag:	....	Installation Armaturen
3. Mittwoch:	....	Einbau Wasserleitung
4.	....	Wartung Klimaanlage
5. Donnerstag:	....	Verlegen Fußbodenheizung
6. Freitag:	....	Montage Solaranlage
7.	....	Beratung Kunde

Schreiben **Schreiben Sie einen Tätigkeitsbericht zu Ihrem Beruf.**

Ich bin Verkäufer bei ...
Montag: Waren verkaufen, Kunden beraten
...

das Abwasser (Sg.) schmutziges Wasser, das entsorgt wird

die Anlage, -n ***hier:*** das Einrichten → anlegen

anschließen etwas verbinden, z. B. eine Waschmaschine mit der Wasserleitung verbinden

die Armatur, -en

befestigen anbringen, anmontieren, fest machen

einweisen erklären

geeignet sein die Fähigkeit haben, etwas zu tun

die Klimaanlage, -n

der Kunststoff, -e Stoff, der nicht natürlich ist, z. B. Plastik

montieren zusammenbauen, befestigen z. B. einen Thermostat

das Rohr, -e

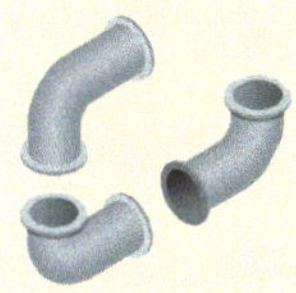

warten *hier:* ein Gerät regelmäßig kontrollieren, damit es richtig funktioniert → Wartung

die Werkstatt, ¨-en ein Ort, wo jemand handwerklich arbeitet, z. B. eine Autowerkstatt

2 Eine Anfrage und ein Angebot verstehen

a Torsten Melzer hat die Anzeige der Firma Bollm gelesen und schreibt eine Anfrage. Lesen Sie. Was möchte Herr Melzer? Was bietet die Firma Bollm an?

Betreff Anfrage Fußbodenheizung in Büroräumen

Sehr geehrter Herr Bollm,

wir haben Ihre Online-Anzeige gelesen. Wir interessieren uns für eine Fußbodenheizung. Wir möchten in unserem Gärtnereibetrieb im Verkaufsraum (68 m²) und im Pausenraum (24 m²) eine Fußbodenheizung installieren lassen. Haben Sie spezielle Angebote? Bitte schicken Sie uns Ihren Produktkatalog. Könnten Sie uns schon einen Kostenvoranschlag machen?

Mit freundlichen Grüßen
Torsten Melzer

Garten- und Landschaftsbau „Märker Melzer" Königs-Wusterhausen Mark Brandenburg

---

Betreff AW: Anfrage Fußbodenheizung in Büroräumen

PDF Produktkatalog Sanitär Bollm

Sehr geehrter Herr Melzer,
vielen Dank für Ihre Anfrage. Anbei unser Angebot:

92 m² Fußbodenheizung
inkl. Materialkosten, Anfahrtskosten, Lieferung und Einbau 8.290 Euro

Ich hänge unseren Katalog mit der aktuellen Preisliste an.
Wir hoffen, dass unser Angebot Ihren Vorstellungen entspricht. Für weitere Auskünfte stehen wir Ihnen gern zur Verfügung.

Mit freundlichen Grüßen
Matthias Bollm

M. Bollm – Anlagenmechaniker für Sanitär-, Heizungs- und Klimatechnik – *www.bollm-anlagentechnik.de*

b Lesen Sie die E-Mails noch einmal und kreuzen Sie an.

1. Herr Melzer kennt die Firma Bollm	(a) aus einer Werbemail.	(b) aus dem Internet.
2. Herr Melzer möchte	(a) einen neuen Verkaufsraum.	(b) eine Heizung.
3. Der Preis ist 8.290 Euro	(a) mit dem Material.	(b) ohne das Material.
4. Die Firma Bollm schickt	(a) einen Plan.	(b) ein Angebot.

c Lesen Sie die Sätze aus der Anfrage von Anna Stoll und bringen Sie sie in die richtige Reihenfolge.

Bitte schicken Sie uns einen Produktkatalog und eine Preisliste.

Sehr geehrter Herr Bollm, Bonn, den 04.08.20…

Unsere Firma will die Teeküche für das Personal renovieren lassen.

ich habe Ihre Anzeige im Internet gefunden. Können Sie uns ein Angebot machen?

Mit freundlichen Grüßen Anna Stoll

In der neuen Teeküche brauchen wir neue Armaturen für die Spüle und einen neuen Boiler.

d Herr Bollm ruft Frau Stoll an, weil er noch Fragen hat. Sammeln Sie mögliche Fragen und spielen Sie den Dialog.

Wortschatz **Verbinden Sie. Die Wörter rechts helfen.**

1. die Anfrage
2. das Angebot
3. der Produktkatalog
4. der Kostenvoranschlag

a) die Berechnung vom Preis für ein Angebot
b) eine Liste mit Produktinformationen und Preisen
c) die Frage eines Kunden an eine Firma darüber, was ein Produkt oder eine Dienstleistung kostet
d) die mündliche oder schriftliche Antwort einer Firma, was ein Produkt oder eine Dienstleistung kostet

Berufssprache **Nomen aus Verben – Schreiben Sie wie im Beispiel.**

1. Wir **bieten** Ihnen **an**, … *unser Angebot*
2. Wir möchten **anfragen**, … *unsere* ...
3. Wir **schlagen** folgende **Kosten vor**: … *unser* ...
4. Wir haben eine **Datei angehängt**. *der* ...
5. Wir danken Ihnen, dass Sie uns **beauftragen**. *der Auf* ...
6. Wir **beschreiben** unser **Produkt**: … *die* ...

Schreiben a **Eine Anfrage schreiben – Ergänzen Sie und schreiben Sie den Brief ins Heft.**

a) Könnten Sie ~~b) Sehr geehrter~~ c) wir haben Ihre Anzeige in … gelesen.
d) Haben Sie e) Mit freundlichen Grüßen f) Wir interessieren uns für
g) Bitte schicken Sie uns

(1) (b) Herr Bollm,

(2) ☐. Wir möchten unsere Küche renovieren lassen. (3) ☐ eine Einbauküche.

(4) ☐ preiswerte Einbauküchen? (5) ☐ uns ein Angebot machen?

(6) ☐ einen Produktkatalog und eine Preisliste.

(7) ☐

Lotte Kern

Schreiben b **Ihre Firma möchte für Ihre Geschäftsräume ein neues Kunden-WC mit Toilette, Waschbecken und Spiegel. Sie sollen das organisieren. In einer Zeitung finden Sie folgende Anzeige. Fordern Sie ein Angebot an. Berücksichtigen Sie folgende Punkte:**

- Fragen Sie nach dem Preis.
- Erklären Sie die Situation.
- Bitten Sie um ein Angebot und einen Produktkatalog.

Bevor Sie den Brief schreiben, überlegen Sie sich die passende **Reihenfolge** der Punkte, eine passende **Einleitung** und den passenden **Schluss**. Vergessen Sie nicht die **Anrede** und das **Datum**.

SANITÄR HEIZUNG KLIMA

Firma Haddat Anlagenmechanik

für Sanitär-, Heizungs- und Klimatechnik

- Bad- und Küchenausstattungen
- Heizungstechnik
- Klimaanlagen

Seit 40 Jahren preisgünstig, zuverlässig und pünktlich.
Ihr Meisterbetrieb in Littenweiler.

Herr Haddat – Pochgasse 12 – 79117 Freiburg

das Angebot, -e Eine Firma bietet ein Produkt oder eine Dienstleistung an.

die Anfrage, -n Ein Kunde fragt nach Informationen zu einem Produkt oder einer Dienstleistung, z. B. nach dem Preis.

inklusive alle Kosten zusammen

der Kostenvoranschlag, ⸚e der Preis, den ein Produkt oder eine Dienstleistung kostet, z. B. eine Reparatur

der Produktkatalog, -e eine Liste, in der Produkte und ihre Preise beschrieben werden

Anlagenbauer → Kunde

3 Eine Auftragserteilung und eine Auftragsbestätigung verstehen

a Herr Bollm und Herr Melzer kommen ins Geschäft. Lesen Sie die E-Mails. Wer hat welche Mail geschrieben? Ergänzen Sie die Namen in der Anrede und nach dem Gruß.

(A)

Betreff: Anfrage Fußbodenheizung – Auftragserteilung

Sehr geehrter Herr ………………………………,

vielen Dank für Ihre E-Mail mit dem Angebot und dem Kostenvoranschlag. Ihr Angebot ist interessant, deshalb möchten wir Sie beauftragen, die Fußbodenheizung zu installieren. Bitte rufen Sie mich unter der Nummer 03375 5000 56 an, damit wir über einen Termin sprechen können. Am besten bin ich am Vormittag zu erreichen.

Mit freundlichen Grüßen

………………………………

(B)

Betreff: Anfrage Fußbodenheizung – Auftragsbestätigung

Sehr geehrter Herr ………………………………,

wir danken Ihnen für Ihren Auftrag vom 20.10. Wir nehmen ihn gerne an. Wie wir gestern telefonisch besprochen haben, kommt unsere Firma am 29.10. zu Ihnen in den Betrieb und sieht sich das Bauvorhaben an. Wir besprechen dann die genauen Termine. Sind Sie einverstanden?

Mit freundlichen Grüßen

………………………………

b Lesen Sie die E-Mails noch einmal und kreuzen Sie an: richtig oder falsch?

	R	F
1. Herr Melzer möchte, dass Herr Bollm die Fußbodenheizung einbaut.	☒	☐
2. Herr Melzer möchte mit Herrn Bollm telefonieren und über den Preis sprechen.	☐	☐
3. Herr Bollm möchte das Bauvorhaben vor Baubeginn sehen.	☐	☐
4. Herr Melzer und Herr Bollm haben am 19.10. telefoniert.	☐	☐
5. Der Einbau der Fußbodenheizung beginnt am 29.10.	☐	☐

c Was bieten Sie an? Schreiben Sie eine Anzeige wie im Beispiel. Ihr Partner / Ihre Partnerin ruft Sie an und fordert ein Angebot an. Sie geben Auskunft und machen einen Kostenvoranschlag. Ihre Partnerin oder Ihr Partner erteilt den Auftrag.

Ich reinige und bügle Ihre Kleidung.
Hose: 4 Euro
Kleid: 6 Euro
3 Hemden: 5 Euro
Ich arbeite schnell und zuverlässig!

Ihre Anzeige:
Mein Produkt: ………………………
Meine Dienstleistung:
………………………………
Es kostet: ………………………
Warum Sie bei uns kaufen sollten:
………………………………

Ich interessiere mich für Ihr Angebot und habe noch ein paar Fragen, …

Ich freue mich über Ihren Anruf. Wir …

Wortschatz **Ergänzen Sie. Die Wörter rechts helfen.**

1. Ein Kunde bestellt bei einer Firma eine Dienstleistung oder ein Produkt:
   die .... Auftragserteilung ....
2. Eine Firma nimmt den Auftrag eines Kunden an und schreibt oder sagt ihm das:
   .... A ....
3. ein Bau in Planung: .... B ....
4. der Vorschlag für einen Termin: .... T ....

die Auftragsbestätigung, -en die Bestellung eines Produkts oder einer Dienstleistung offiziell annehmen

die Auftragserteilung, -en bei einer Firma eine Bestellung machen

(einen Auftrag) erteilen (einen Auftrag) geben → beauftragen

das Bauvorhaben, – ein geplanter Bau

bestätigen „ja" sagen zu etwas

die Terminbestätigung, -en telefonisch oder schriftlich zusagen, dass man zu einer Verabredung kommt

Strukturen **Ergänzen Sie die Relativpronomen und, wenn nötig, die Präpositionen.**

Das Angebot, (1) das Sie uns gemacht haben, ist interessant.

Auf die Anfrage, (2) .... ich Ihnen geschickt habe, haben Sie noch nicht geantwortet.

Wir nehmen den Auftrag, (3) .... Sie uns erteilt haben, gerne an.

Der Produktkatalog (4) .... auch die Preise stehen, ist im Anhang.

Das Bauvorhaben, (5) .... wir am 12.04. beginnen können, dauert ca. eine Woche.

Wir danken für Ihre Auftragsbestätigung, (6) .... heute angekommen ist.

Berufssprache **Wer macht was: Auftraggeber oder Auftragnehmer? Ordnen Sie zu.**

einen Auftrag erteilen ~~einen Auftrag annehmen~~ einen Kostenvoranschlag machen
einen Auftrag bestätigen einen Auftrag ablehnen um einen Kostenvoranschlag bitten
ein Angebot machen ein Angebot anfordern einen Produktkatalog schicken
einen Auftrag geben nach einem Rabatt fragen

Auftraggeber/in	Auftragsnehmer/in
	einen Auftrag annehmen

Lesen a **Welche Reihenfolge hat eine Auftragsabwicklung? Sortieren Sie.**

.... Auftragsbestätigung .... Anfrage .... Angebot .... Auftragserteilung

Lesen b **Lesen Sie die Sätze aus einer Auftragsabwicklung und ordnen Sie zu.**

Anfrage Angebot Auftragserteilung Auftragsbestätigung

1. Könnten Sie uns sagen, bis wann Sie mit dem Einbau des Waschbeckens fertig sind? Anfrage
2. Wir freuen uns, dass Sie uns den Auftrag erteilt haben. ....
3. Wir möchten Ihnen den Auftrag geben, unsere Heizung zu sanieren. ....
4. Die Reparatur Ihrer Fußbodenheizung kostet ca. 620 Euro. ....
5. Was kostet der Einbau von Heizungen in drei Wohnräume? ....
6. Wir können mit den Arbeiten im Mai beginnen. ....
7. Wir brauchen eine Solaranlage für unser Einfamilienhaus. ....

Anlagenbauer → Kunde

4 Eine Reklamation verstehen und schreiben

a Lesen Sie die Reklamation schnell. Was ist passiert?

M. Bollm Sanitär-, Heizungs- und Klimatechnik Industriestraße 12–14 14770 Brandenburg	(1) Adressat
Torsten Melzer – Gärtnerei Märker Melzer Fontanestraße 4 15711 Königs Wusterhausen Tel. 03375 5000 56	(2) ....
Königs Wusterhausen, 15.01.20...	(3) ....
Reklamation: Fußbodenheizung defekt	(4) ....
Sehr geehrter Herr Bollm,	(5) ....
am 12.12.20... haben Sie bei uns eine Fußbodenheizung eingebaut.	(6) ....
Leider lässt sich die Temperatur in beiden Räumen nicht mehr regeln. Wir vermuten, dass der Thermostat kaputt ist.	(7) ....
Bitte reparieren Sie den Schaden bis zum 12.02. Bitte rufen Sie mich an, um einen Termin zu vereinbaren.	(8) ....
Mit freundlichen Grüßen,	(9) ....
Torsten Melzer	(10) ....

b Lesen Sie die Reklamation noch einmal und beantworten Sie die Fragen.

1. Wer beschwert sich bei wem?
2. Was ist der Grund für die Beschwerde?
3. Was verlangt Herr Melzer?
4. Bis wann soll das gemacht werden?

c Aufbau und Inhalt einer Reklamation – Ordnen Sie die Bezeichnungen in 4a zu.

Einleitung · Anrede · Gruß · Absender · ~~Adressat~~ · Beschreibung des Problems · Betreff · Ort und Datum · Forderung und Frist · Unterschrift

d Schreiben Sie eine Reklamation. Die Redemittel unten und die Reklamation in 4a helfen.

Vor zwei Wochen hat die Firma Bollm eine neue Heizung in Ihre Küche eingebaut. Die Heizung ist schon kaputt. Berücksichtigen Sie die folgenden Punkte: Grund für Ihr Schreiben, Beschreibung des Problems, Forderung und Frist. Vergessen Sie nicht den Betreff, die Anrede, die Einleitung und den Gruß am Ende.

Reklamation

Betreff	Reklamationsgrund	Forderung und Frist
Defekt an ... Fehlerhaftes ... Reklamation: ... ... defekt ... kaputt	Leider ist ... kaputt/defekt. ... funktioniert nicht mehr. ... ist fehlerhaft. ... kann man nicht benutzen. Wir vermuten, dass ...	Bitte reparieren Sie ... bis zum ... Bitte kommen Sie bis spätestens ... und sehen sich den Schaden an. Bitte rufen Sie mich bis zum ... an, um einen Reparaturtermin zu vereinbaren.

Wortschatz **Verbinden Sie. Die Wörter rechts helfen.**

1. eine Reklamation — c) schreiben
2. einen Schaden
3. ein Problem
4. einen Reparaturtermin
5. eine Reparatur

a) beschreiben
b) verlangen
c) schreiben
d) reparieren
e) vereinbaren

Berufssprache **Betreffzeilen – Formulieren Sie aus der Beschreibung des Grundes für die Reklamation jeweils einen Betreff. Es gibt mehrere Möglichkeiten.**

Beschreibung des Grundes für die Reklamation	Betreff
1. Sie haben die Heizkörper in unserem Wohnzimmer falsch angeschlossen.	*Heizkörper falsch angeschlossen*
2. Sie haben unsere Heizung im Wohnzimmer falsch installiert.	…………………………
3. Sie haben die Solaranlage auf unserem Hausdach in der Pückerstraße 12 falsch montiert.	…………………………
4. Sie haben die Armaturen am Waschbecken im Bad falsch installiert.	…………………………
5. Sie haben unsere Fußbodenheizung in unserem Haus in zwei Zimmern nicht regelmäßig gewartet.	…………………………

Strukturen **Auf eine Reklamation reagieren – Bilden Sie Sätze.**

1. wir / Ihre Reklamation vom 4. März / erhalten
2. es / leid / tun / uns, // Ihre Heizung / nicht funktionieren / dass
3. vermuten / wir // der Thermostat / dass / sein / kaputt
4. wir / uns / den Schaden / so schnell wie möglich / ansehen
5. Sie / bitte / uns / wegen eines Reparaturtermins / anrufen

Wir haben Ihre Reklamation vom 4. März erhalten.

Schreiben **Sie haben eine Reklamation erhalten. Schreiben Sie eine Antwort.**

Sie haben am 15.5. bei einem Kunden ein Badezimmer eingebaut.
Am 25.06. haben Sie eine Reklamation erhalten,
weil das Wasser nicht richtig abfließt.
- Sie vermuten: Ein Rohr ist nicht korrekt angeschlossen.
- Sie möchten den Schaden ansehen.
- Sie bitten den Kunden um einen Terminvorschlag.

Sehr geehrter Herr …,
wir haben Ihre Reklamation vom …

die Beschwerde, -n Ein Fehler ist passiert und jemand sagt oder schreibt, dass er damit unzufrieden ist.
→ sich beschweren

der Defekt, -e der Fehler

defekt kaputt

die Forderung, -en von jemandem etwas wollen
→ fordern

die Reklamation, -en Ein Fehler oder ein Schaden ist passiert und der Kunde beschwert sich.
→ reklamieren

der Thermostat, -e damit regelt man die Temperatur in Räumen

verlangen etwas fordern, möchten, wollen

Existenzgründung

1 Fragen zur Existenzgründung beantworten

a Bruno Morel will sich selbstständig machen und informiert sich im Internet. Welche Suchwörter könnte er eingeben?

mein eigenes Geschäft

34 **b Bruno macht einen Test im Internet. Hören Sie und kreuzen Sie an.**

Test: Sind Sie ein Unternehmertyp?

	Ja. (2 Punkte)	Es geht. (1 Punkt)	Nein. (0 Punkte)
1. Haben Sie eine Berufsausbildung und/oder praktische Erfahrung in der Branche, in der Sie sich selbstständig machen wollen?	▢	▢	▢
2. Sind Sie gewohnt, Ziele zu verfolgen, ohne dass Ihnen jemand sagt, was Sie tun sollen?	▢	▢	▢
3. Sind Sie körperlich fit? Waren Sie in den letzten Jahren immer gesund?	▢	▢	▢
4. Haben Sie Familienangehörige, die Sie bei der Existenzgründung unterstützen können/wollen? Steht Ihr Partner / Ihre Partnerin hinter Ihnen?	▢	▢	▢
5. Sind Sie bereit, 60 und mehr Stunden in der Woche zu arbeiten, wenigstens am Anfang?	▢	▢	▢
6. Wollen Sie riskieren, über einige Zeit kein regelmäßiges Einkommen zu haben?	▢	▢	▢
7. Ein Leben als Unternehmer/in bringt viele Unsicherheiten mit sich. Glauben Sie, dass Sie auch Misserfolge gut aushalten können?	▢	▢	▢
8. Halten Sie Stress-Situationen gut aus?	▢	▢	▢
9. Haben Sie Führungserfahrung?	▢	▢	▢
10. Besitzen Sie eine kaufmännische Ausbildung und/oder Erfahrungen in diesem Bereich?	▢	▢	▢
11. Haben Sie genügend Startkapital, also Geld für die Anfangszeit?	▢	▢	▢

c Und Sie? Machen Sie den Test für sich selbst.

d Stellen Sie einander Fragen wie die in 1b. Wählen Sie: Interview oder Schreibgespräch.

Hältst du Stress gut aus?
Es geht. Ich mag es lieber ein bisschen ruhig.
Bist du gewohnt, ...

Bist du / Sind Sie gewohnt, ... zu ... ?
Bist du / Sind Sie bereit, ... zu ... ?
Willst du / Wollen Sie riskieren, ... zu ... ?
Hältst du / Halten Sie ... gut aus?
Kommst du / Kommen Sie mit ... zurecht?
Hast du / Haben Sie Führungserfahrung?
Besitzt du / Besitzen Sie ... ?

Wortschatz **Ergänzen Sie. Die Wörter rechts helfen.**

Bruno stellt sich viele Fragen zur (1) E*xistenzgründung*............. Ist er ein (2) U..................? Kann er die (3) U.................. aushalten, wenn er kein festes monatliches (4) E.................. hat? Hat er genug (5) S.................. für die Anfangszeit? Kann er Mitarbeiter einstellen, auch wenn er noch keine (6) F.................. hat? So viele Fragen.

Strukturen **Erweitern Sie die Infinitivsätze wie im Beispiel. Es gibt mehrere Möglichkeiten.**

1. Bruno will sich selbstständig machen. Er ist bereit, ... zu arbeiten.
2. Nadja hat vier Kinder. Sie ist gewohnt, ... zu kochen.
3. Harry macht eine Fortbildung. Er hofft, ... zu lernen.
4. Bei ihrem neuen Job hat Fatma die Möglichkeit, ... zu verdienen.

Bruno ist bereit, viel zu arbeiten.
Bruno ist bereit, für sein Geschäft viel zu arbeiten.
Bruno ist bereit, auch am Wochenende für sein Geschäft viel zu arbeiten.

Berufssprache **Welches Verb passt?**

haben aushalten sammeln machen ~~verfolgen~~

1. ein Ziel *verfolgen*..................
2. sich selbstständig ....
3. ein regelmäßiges Einkommen ....
4. Unsicherheiten ....
5. Erfahrungen ....

Lesen **Bruno schreibt seinem Freund Hairi kurz über das Ergebnis des Tests. Lesen Sie das Ergebnis und schreiben Sie seine Nachricht weiter.**

Wichtig: *Der Test kann Ihnen nur erste Hinweise geben. Suchen Sie deshalb auch andere Möglichkeiten der Klärung, z. B. durch Gespräche mit Beratern oder den Besuch von Seminaren. Sprechen Sie mit möglichst vielen Menschen über Ihr Interesse an der Existenzgründung.*

0 bis 6 Punkte Wollen Sie sich wirklich selbstständig machen? Überlegen Sie sich das noch einmal. Ihr Ergebnis zeigt, dass Sie besser als Angestellte/r arbeiten können.

7 bis 14 Punkte Das Ergebnis zeigt nicht deutlich, ob Sie gut als Selbstständige/r arbeiten können. Vielleicht sollten Sie doch besser angestellt arbeiten? Informieren Sie sich weiter und lassen Sie sich unbedingt beraten.

15 bis 22 Punkte Sie sind ein Unternehmertyp! Das zeigt das Ergebnis. Sie sind motiviert und bringen auch die Voraussetzungen mit, die Sie für die Selbstständigkeit brauchen. Nutzen Sie aber auf alle Fälle die angebotenen Informations- und Beratungsmöglichkeiten.

Lieber Hairi,
ich habe den Online-Test „Sind Sie ein Unternehmertyp?" gemacht.
Ich hatte 14 Punkte. Das bedeutet, dass ...
Ich soll ...

das Einkommen (Sg.) Geld, das man für seine Arbeit, aber auch für Vermietung etc. bekommt

der Erfolg, -e Man erreicht sein Ziel. Eine Sache gelingt.
→ erfolgreich
Gegenteil: Misserfolg

die Existenzgründung, -en die Gründung einer eigenen Firma, um sich selbstständig zu machen
→ der Existenzgründer / die Existenzgründerin

die Führungserfahrung, -en praktische Erfahrung als Vorgesetzte/r

kaufmännisch auf Kauf und Verkauf bezogen
Eine kaufmännische Aufgabe ist z. B. die Buchführung.

der Misserfolg, -e Man hat sein Ziel nicht erreicht.
Gegenteil: Erfolg

riskieren etwas machen, was gefährlich sein kann und wofür man Mut braucht
→ das Risiko

das Startkapital (Sg.) Geld für den Anfang, wenn man sich selbstständig machen will

der Unternehmer, – / die Unternehmerin, -nen eine Person, die ihre eigene Firma leitet

der Unternehmertyp (Sg.) jemand, der eine eigene Firma gut leiten kann

Existenzgründer – Beraterin

2 Sich beraten lassen

a Bruno schreibt einige Fragen im Expertenforum. Lesen Sie die Forumsbeiträge und die Informationen rechts und ergänzen Sie die Sätze.

Frage
Ich bin IT-System-Elektroniker und möchte mich mit einem Computerreparatur-Service selbstständig machen, erst mal in Teilzeit. Die Frage ist: Ist das machbar? Was für ein Unternehmen muss ich gründen? Was muss ich dabei beachten? Meine Zielgruppe sind Privatpersonen, die Probleme mit ihrem PC haben.

Antwort
Lassen Sie sich auf alle Fälle beraten. Gründungsberatungen gibt es z. B. bei der BA oder bei der IHK vor Ort. Ich empfehle Ihnen auch, ein Seminar zur Existenzgründung zu besuchen. Dort bekommen Sie das Basiswissen, das Sie für die Existenzgründung brauchen.

BA steht für „Bundesagentur für Arbeit".

IHK steht für „Industrie- und Handelskammer". Zur IHK gehören alle Unternehmen in einer Region.

1. Bruno will …
2. Seine zukünftigen Kunden …
3. Der Experte empfiehlt ihm …

35 **b Hören Sie das Gespräch von Bruno mit der Gründungsberaterin Frau Geisler. Was ist richtig? Kreuzen Sie an.**

1. Wer kann sich in Deutschland selbstständig machen?
   (a) nur deutsche Staatsbürger
   (b) nur EU-Bürger
   (c) Bürger aus Nicht-EU-Ländern mit einer besonderen Aufenthaltserlaubnis
2. Was sind Brunos „Hausaufgaben"? Was soll er tun?
   (a) sich eine Geschäftsidee überlegen
   (b) zur Bank gehen
   (c) den Markt erkunden und eine Marktlücke finden

35 **c Hören Sie noch einmal. Welche Antwort gibt Bruno auf die Fragen von Frau Geisler? Verbinden Sie.**

Das fragt Frau Geisler:
1. Was ist Ihre Geschäftsidee?
2. Haben Sie Unterstützung von Ihrer Familie?
3. Welche Qualifikation haben Sie? Welche Erfahrungen und Kenntnisse?
4. Wer sind Ihre zukünftigen Kunden?
5. Wie unterscheidet sich Ihr Angebot vom Angebot der Konkurrenz?
6. Haben Sie genügend Startkapital für Ihr Unternehmen?
7. Wann wollen Sie mit Ihrem Geschäft starten?

Das antwortet Bruno:
a) Ich kenne die Konkurrenz noch nicht so gut.
b) Ich bin ausgebildeter IT-System-Elektroniker.
c) Ich spreche Privatpersonen an.
d) Meine Frau hilft mir.
e) Nächstes Jahr im Januar möchte ich anfangen.
f) Ich arbeite erst einmal halbtags bei meiner Firma weiter. So bin ich finanziell abgesichert.
g) Ich mache einen Computer-Reparaturservice auf.

d Spielen Sie Beratungsgespräche zu folgenden Gründungsideen. Verwenden Sie die Redemittel aus 2c.

Restaurant

Friseursalon

Katzenpension

Ihre Idee

Wortschatz **Verbinden Sie die Gegenteile. Die Wörter rechts helfen.**

1. das eigene Angebot — c) das Angebot der Konkurrenz
2. angestellt
3. die Arbeitssuche
4. die Geschäftsleute (Pl.)
5. das Expertenwissen
6. das Eigenkapital
7. die Vollzeit

a) selbstständig
b) der Kredit
c) das Angebot der Konkurrenz
d) das Basiswissen
e) die Arbeitsvermittlung
f) die Teilzeit
g) die Privatpersonen

Lesen **Bruno informiert sich im Internet über einen Kredit. Lesen Sie und kreuzen Sie an.**

Die Finanzplanung

Jede Bank verlangt eine Finanzplanung, bevor sie einem Gründer oder einer Gründerin einen Kredit gibt. Junge Unternehmer/innen müssen sorgfältig berechnen, wie viel Geld sie wirklich brauchen. Viele neu gegründete Unternehmen scheitern nämlich am Geld: In den ersten Monaten gibt es die erwarteten Gewinne noch nicht, aber viele Ausgaben, z. B. für die Miete, die Werbung, den angeschafften PKW.

Sind Sie nicht sicher, was alles zur Finanzplanung gehört? Dann sollten Sie einen Gründungsberater fragen oder ein vor Ort angebotenes Seminar besuchen.

>> In diesem Dokument finden Sie Hilfen für Ihre Finanzplanung.

>> Häufig gestellte Fragen

1. Junge Unternehmer
   (a) müssen gut kalkulieren.
   (b) machen am Anfang Gewinne.
   (c) denken nur an das Geld.

2. Eine gute Finanzplanung ist wichtig,
   (a) wenn die Miete hoch ist.
   (b) damit man einen Kredit bekommt.
   (c) weil man sparen muss.

Berufssprache a **Partizip II als Adjektiv – Lesen Sie noch einmal: Wie steht es im Text?**

1. das Unternehmen, das jemand neu gegründet hat
2. der PKW, den man angeschafft hat
3. die Gewinne, die jemand erwartet hat
4. ein Seminar, das jemand angeboten hat
5. Fragen, die Leute häufig gestellt haben

1. das neu gegründete Unternehmen

Berufssprache b **Adjektive auf *-bar*. Ergänzen Sie das passende Adjektiv. Kennen Sie noch andere Wörterauf *-bar*?**

~~machbar~~ realisierbar erreichbar lesbar sichtbar

1. Man kann die Aufgabe machen. Sie ist *machbar*.
2. Man kann diese Idee realisieren. Sie ist ....
3. Man kann die Schrift nicht gut lesen. Sie ist nicht gut ....
4. Man kann das Ziel erreichen. Es ist ....
5. Man kann den Fehler sehen. Er ist ....

Ich kenne noch „ansprechbar“: Man kann eine Person ansprechen.

die Arbeitsvermittlung, -en das Zusammenbringen von Arbeitssuchenden und Arbeitgebern

das Basiswissen (Sg.) die wichtigsten Kenntnisse in einem Bereich

die Finanzierung (Sg.) *hier:* die Gründung mit Geld möglich machen → die Finanzplanung

die Geschäftsleute (Pl.) Plural zu Geschäftsmann und Geschäftsfrau

die Gründungsberatung, -en Information und Beratung zu Fragen der Existenzgründung

kalkulieren genau rechnen, wie viel man ausgibt, einnimmt und verdient

die Konkurrenz (Sg.) Firmen oder Personen, die einer Firma, einem Laden usw. Kunden wegnehmen können

der Kredit, -e Geld, das man geliehen bekommt

die Qualifikation, -en *hier:* Ausbildung, Erfahrungen, Kenntnisse

scheitern nicht erfolgreich sein

die Zielgruppe, -n *hier:* die Gruppe von Menschen, die man ansprechen und denen man etwas verkaufen will

3 Dienstleister vergleichen

a Sehen Sie das Foto an. Formulieren Sie Brunos Fragen.

Welche Firmen gibt es noch in meiner Branche?

Firmen in meiner Branche?
die Konkurrenz?
eine Marktlücke?
das Besondere an meinem Angebot?
die Kunden?

b Bruno erkundet die Konkurrenz – Lesen Sie seine Notizen und beantworten Sie die Fragen.

Namen + Webseite	PC-Löwe www.pc-loewe.de	Firma H. Kurosh www.kuroshh.de	Computer-Hilfe www.comhlf.de
Zielgruppe	Firmen und Privatkunden	Privatkunden	Privatleute und Firmen
Preise	30 Minuten 29,– € je 10 weitere Minuten 8,90 €	35,– € pro angefangene Stunde + 22,– € Anfahrt	ab 69,– € / Std. inkl. An- und Abfahrt
Dienstleistungen			
PC-Reparatur	ja	ja	PC-Checkup
Fernwartung	ja	nein	ja
Vor-Ort-Service	nein	ja	ja
Datenrettung	500 GB-Festplatte: 129,90 €	ja	ja
Internet-Einrichtung	ja	ja	ja
IT- und Smartphone-Sicherheit	nein	nein	nein
Webdesign	nein	ja	ja
telefonischer Kundendienst	nein Öffnungszeiten 9:00–18:00 Uhr	werktags 8:00 bis 18:00 Uhr Notdienst 18:00–22:00 Uhr	Hotline 24 Std.

1. Welche Firma hat die niedrigsten Preise?
2. Wer kommt ins Haus?
3. Wer repariert einen PC aus der Ferne?
4. Wer gestaltet Seiten im Internet?
5. Wer ist im PC-Notfall Tag und Nacht erreichbar?
6. Wer berät zu Smartphone-Sicherheit?

Wir haben zwei Baumärkte verglichen. Der Baumarkt X ist besser mit dem Bus erreichbar. Außerdem …

c Wählen Sie eine Branche und vergleichen Sie die Firmen in Ihrer Stadt. Berichten Sie im Kurs. Was ist das Besondere an dem jeweiligen Angebot?

Sportgeschäft

Baumarkt

Friseursalon

Ihre Idee

Firmen vergleichen
… ist billiger/größer/moderner.
… ist besser erreichbar.
… hat bessere Produkte / einen besseren Service.
Das Besondere daran ist, dass …

Wortschatz a **Ergänzen Sie. Die Wörter rechts helfen.**

Probleme mit dem Computer kennt jeder. Wenn man seine Daten verloren oder gelöscht hat, dann hilft nur eine (1) D*atenrettung*............. Viele Firmen bieten bei Problemen eine (2) H................................ oder einen (3) N................................ an. Oft ist das Problem über eine (4) F................................ zu lösen. Dazu muss der Experte nicht zu einem nach Hause kommen. Er stellt über das Internet eine Verbindung her. Manchmal ist aber ein (5) V................................ nötig.

Wortschatz b **Internetsprache Englisch – Verbinden Sie. Welche Wörter kennen Sie noch?**

1. Internetgestaltung	a) Website
2. eine Seite im Internet	b) Hotline
3. Dienstleistung	c) Check-up
4. telefonischer Kundendienst	d) Webdesign
5. Kontrolle	e) IT-Security
6. Internet-Sicherheit	f) Message
7. Nachricht	g) Service

Ich kenne viele Wörter, zum Beispiel „Software". Aber ich weiß nicht: Gibt es dafür überhaupt ein deutsches Wort?

Berufssprache **Adjektive als Nomen – Ergänzen Sie. Es gibt viele Möglichkeiten. Vergleichen Sie im Kurs.**

das Besondere das Schöne das Interessante ~~das Spezielle~~ das Schlechte das Gute

1. Ich komme auch zu Ihnen in die Firma. Das ist *das Spezielle*............. an meinem Angebot.
2. Dieses Geschäft ist rund um die Uhr geöffnet. Das ist das .... daran.
3. Was ist das .... an diesen Dienstleistungen?
4. Die Webseite der Firma ist chaotisch. Das ist das .... daran.
5. Das .... an Ihrem Angebot ist der Preis. Er ist niedrig.
6. Das .... an dieser Firma ist, dass sie bundesweit tätig ist.

Schreiben **Bruno hat viele Fragen und informiert sich im Forum. Schreiben Sie für Bruno den Forumsbeitrag. Schreiben Sie etwas zu den folgenden Punkten:**

- Geschäftsidee Computerreparatur
- häufig PC-Probleme?
- Erwartungen an einen PC-Service?
- Tipps für die Gründung?

Forum Suche

Liebe Leute, ich schreibe euch hier, weil …

....

die Datenrettung, -en Wiederherstellung von verlorenen Daten auf dem PC

die Fernwartung, -en Ein Experte löst PC-Probleme, ohne dass er persönlich beim Kunden ist.

die Hotline, -s Hier bekommt man Hilfe und Auskunft per Telefon. ≈ telefonischer Kundendienst

der Kundendienst, -e Ein Betrieb/Geschäft bietet seinen Kunden Betreuung, z. B. Informationen, Hilfe.

die Marktlücke, -n Dienstleistungen oder Produkte, die es noch nicht auf dem Markt gibt

der Notdienst, -e *hier:* Hilfe, wenn man ein Problem mit dem PC hat, z. B. am Wochenende und an Feiertagen

der Vor-Ort-Service, -s *hier:* Ein IT-Experte / eine Expertin kommt ins Haus und hilft bei PC-Problemen.

das Webdesign, -s die Gestaltung von Webseiten für das Internet

4 Kriterien für Weiterbildungsangebote diskutieren

a **Bruno weiß nichts über Buchhaltung und sucht eine kaufmännische Weiterbildung. Lesen Sie die Anzeigen. Welches ist das passende Angebot für ihn?**

(A)

Sie wollen sich selbstständig machen? Sie haben noch keine originelle Geschäftsidee?
Kommen Sie zum Gründungsideen-Workshop!
Die eintägige Veranstaltung hilft Ihnen Gründungsideen und überzeugende Konzepte zu entwickeln. Wir überlegen uns gemeinsam mögliche Produkte, Dienstleistungen oder Problemlösungen für Ihr Unternehmen.
Wo? Zentrum für Existenzgründungen,
Offenbacher Allee 544 – 60386 Frankfurt, Tel: 0 69 / 2 78 33 …

(B)

Kaufmännisches Basiswissen für Existenzgründer
Unterrichtsform: Vollzeit
Dauer: 12 Wochen
Zielgruppe: alle, die sich selbstständig machen wollen
Das lernen Sie:
- Finanzbuchhaltung
- Personalabrechnung
- kaufmännischer Schriftverkehr
- Steuern
- Marketing

Abschluss: Zertifikat
Teilnehmerzahl: max. 16
Termine/Orte: hier

(C)

IHK-Seminar Grundlagen der Existenzgründung
Jeden 1. Mittwoch im Monat von 8:30 Uhr bis ca. 15:30 Uhr in der IHK
Schwerpunkte sind:
- Wie melde ich mein Unternehmen an?
- gesetzliche Grundlagen
- Unternehmenskonzepte
- Finanzierung und öffentliche Fördermittel

Kosten: 50 Euro (inkl. Infomaterial)
Klicken Sie auf Termine, um sich anzumelden.

b **Lesen Sie die Anzeigen noch einmal und beantworten Sie die Fragen.**

1. Welche Veranstaltung dauert am längsten?
2. Wo bekommt man Ideen für die Gründung?
3. Bei welcher Veranstaltung bekommt man ein Zertifikat?

c **Schreiben Sie weitere Fragen und beantworten Sie sie.**

Welches Seminar findet in der Industrie- und Handelskammer statt?

d **Was ist für Sie wichtig bei einer Weiterbildung? Lesen Sie die Liste und kreuzen Sie an.**

	Das ist wichtig für mich:
1. Das Seminar ist kostenlos oder kostet nicht viel.	☐
2. Das Seminar findet am Wochenende statt.	☐
3. Es gibt nicht so viele Teilnehmer/innen.	☐
4. Das Thema ist für mich interessant.	☐
5. Der Seminarort ist in meiner Nähe.	☐
6. Man bekommt wichtige Informationen in kurzer Zeit.	☐
7. Das Seminar dauert lange und man lernt alles, was wichtig ist.	☐
8. Man bekommt gute Materialien.	☐
9. Man bekommt ein Zertifikat.	☐

e **Sprechen Sie. Begründen Sie Ihre Wahl.**

Zeit | Kosten | Ort | Teilnehmerzahl
Thema | Dauer | Materialien | Zertifikat

Für mich ist wichtig, dass man ein Zertifikat bekommt, weil Zertifikate in Deutschland so wichtig sind.

Wortschatz a **Erstellen Sie gemeinsam ein Mind-Map zum Thema „Existenzgründung".**

Wortschatz b **Ergänzen Sie. Die Wörter rechts helfen.**

Hier geht es um Geld:

1. Geld für die Gründung = die Finanzierung
2. Geld vom Staat = ……………
3. Geld für den Staat = ……………

Hier geht es um Weiterbildung:

4. Hier findet das Seminar statt. = ……………
5. Das bekommt man zum Lesen. = …………… (Pl.)
6. eine Bescheinigung zum Abschluss = ……………

Berufssprache **Partizip I als Adjektiv – Verbinden Sie.**

1. die passende Weiterbildung	a) der Mensch, der lernt
2. die arbeitssuchende Person	b) die Weiterbildung, die passt
3. die folgenden Punkte	c) die Person, die Arbeit sucht
4. der lernende Mensch	d) das Seminar, das lang dauert
5. das lang dauernde Seminar	e) die Teilnehmer, die diskutieren
6. die diskutierenden Teilnehmer	f) die Punkte, die folgen
7. das überzeugende Konzept	g) das Konzept, das überzeugt

Schreiben **Sie interessieren sich für den Gründungsideen-Workshop in 4a. Schreiben Sie den Weiterbildungsanbieter an und bitten Sie um Informationen. Berücksichtigen Sie die folgenden Punkte:**

- Grund für das Schreiben
- Termine und Dauer
- Kosten
- Teilnehmerzahl

die Finanzbuchhaltung, -en die Buchhaltung

die Förderung, -en Unterstützung, Hilfe

die öffentlichen Fördermittel Geld vom Staat

die Grundlage, -n alles, was man unbedingt wissen muss
→ gesetzliche Grundlagen

das Konzept, -e eine Idee, ein Plan oder Programm, *hier:* für das Unternehmen, das man gründen will

das Material, -ien *hier:* schriftliche Informationen, die man bei einem Seminar bekommt

originell ungewöhnlich, neu, auch witzig

die Personalabrechnung, -en Bezahlung der Mitarbeiter in einem Betrieb

der Seminarort, -e der Ort, wo ein Seminar oder ein Workshop stattfindet

die Steuer, -n Geld, das die Bürger dem Staat zahlen

der Schriftverkehr (Sg.) der Austausch von Briefen oder E-Mails

überzeugen jemand anderen dazu bringen, dass er meiner Meinung ist

überzeugend Etwas wird gut, sinnvoll, richtig gefunden: ein überzeugender Vorschlag, ein überzeugendes Argument usw.

das Zertifikat, -e eine Bescheinigung zum Abschluss einer Weiterbildung

Testtraining

Antwortbogen

→ Markieren Sie Ihre Lösungen für die Aufgaben 1 bis 60 zuerst auf den Seiten 69 bis 80.
→ Übertragen Sie dann alle Antworten auf den Antwortbogen.
→ Auch in der Prüfung bekommen Sie einen separaten Antwortbogen.

Leseverstehen

1. a b c d e f g h i j 1.
2. a b c d e f g h i j 2.
3. a b c d e f g h i j 3.
4. a b c d e f g h i j 4.
5. a b c d e f g h i j 5.

6. a b c 6.
7. a b c 7.
8. a b c 8.
9. a b c 9.
10. a b c 10.

11. a b c d e f g h i j k l x 11.
12. a b c d e f g h i j k l x 12.
13. a b c d e f g h i j k l x 13.
14. a b c d e f g h i j k l x 14.
15. a b c d e f g h i j k l x 15.

16. a b c d e f g h i j k l x 16.
17. a b c d e f g h i j k l x 17.
18. a b c d e f g h i j k l x 18.
19. a b c d e f g h i j k l x 19.
20. a b c d e f g h i j k l x 20.

Sprachbausteine

21. a b c 21.
22. a b c 22.
23. a b c 23.
24. a b c 24.
25. a b c 25.
26. a b c 26.
27. a b c 27.
28. a b c 28.
29. a b c 29.
30. a b c 30.

31. a b c d e f g h i j k l m n o 31.
32. a b c d e f g h i j k l m n o 32.
33. a b c d e f g h i j k l m n o 33.
34. a b c d e f g h i j k l m n o 34.
35. a b c d e f g h i j k l m n o 35.
36. a b c d e f g h i j k l m n o 36.
37. a b c d e f g h i j k l m n o 37.
38. a b c d e f g h i j k l m n o 38.
39. a b c d e f g h i j k l m n o 39.
40. a b c d e f g h i j k l m n o 40.

Hörverstehen

41. + −
42. + −
43. + −
44. + −
45. + −
46. + −
47. + −
48. + −
49. + −
50. + −
51. + −
52. + −
53. + −
54. + −
55. + −
56. + −
57. + −
58. + −
59. + −
60. + −

Leseverstehen, Teil 1 – Betreffzeilen von E-Mails und Briefen

→ Lesen Sie die Arbeitsanweisung ganz genau. Überlegen Sie: Was ist Ihre Aufgabe?
→ Lesen Sie dann die Betreffzeilen a–j.
→ Es sind immer fünf Schreiben. Lesen Sie die erste E-Mail (den ersten Brief). Welcher Betreff passt? Markieren Sie die Lösung.
→ Lesen Sie die nächste E-Mail (den nächsten Brief). Welcher Betreff passt? Machen Sie so mit allen fünf Schreiben weiter.
→ Sie brauchen die E-Mails und Briefe nicht Wort für Wort zu verstehen. Suchen Sie nur die Information, die zu dem Betreff passt.
→ Wichtig: Sie haben für die Prüfungsteile „Leseverstehen" und „Sprachbausteine" insgesamt 90 Minuten Zeit.

So sieht die Aufgabe in der Prüfung aus:

Lesen Sie die folgenden fünf Texte. Es fehlt jeweils der Betreff. Entscheiden Sie, welcher Betreff (a–j) am besten zu welcher Betreffzeile (1–5) passt.
Tragen Sie Ihre Lösungen für die Aufgaben 1–5 in den Antwortbogen ein.

1

Von: PAMUK@supermarktbedarf.de
An: müller@obstundgemüse.de
Betreff:

Sehr geehrte Frau Müller,

bitte liefern Sie uns

Art. Nr.	**Artikel**	**Menge**	**Preis**
12846	Bananen	50 kg	à 2,50 €
23595	Zwiebeln	34 Sack	à 3,50 €
A1212	Kiwi	2 Paletten	ges. 58 €

Mit Dank für die Lieferung im Voraus!

Freundliche Grüße
S. Pamuk / Obst und Gemüse

2

Betreff:

Sehr geehrte Damen und Herren,

unsere Firma wird 10 Jahre alt und wir möchten das mit allen Mitarbeitern feiern. Auf Ihrer Webseite haben wir gelesen, dass Sie solche Firmenfeiern organisieren.
Die Feier findet am 31. Juli dieses Jahr statt. Wir brauchen Essen und Trinken für ca. 25 Personen. Es sollte für alle etwas dabei sein: 14 Personen sind Vegetarier und 10 Personen trinken keinen Alkohol. Zum Nachtisch möchten wir gerne Eis und Kuchen.
Bitte machen Sie uns ein Angebot.

Mit freundlichen Grüßen
Zainab AlHakim

3

Betreff:

Lieber Max,

wir sind heute um 15 Uhr verabredet, um das Projekt mit Firma Weinert zu besprechen. Jetzt hat mich der Chef gerade angerufen. Ich soll einen Kunden zum Bahnhof fahren.
Geht es eine halbe Stunde später?
Ich komme dann gleich zu dir ins Büro.

Grüße
Benito

4

Betreff:

Sehr geehrter Herr Kottenröder,

am 12.04. haben Sie bei uns eine Heizung in unserem Kunden-WC eingebaut.
Leider funktioniert sie nicht mehr.
Bitte rufen Sie mich wegen Reparatur bzw. Austausch des Heizkörpers so schnell wie möglich an.

Mit freundlichen Grüßen
Sandra Wagner

5

Betreff:

Sehr geehrter Herr Ott,

Ihr Angebot ist interessant für uns, vielen Dank für den Kostenvoranschlag. Wir möchten gerne, dass Sie die Renovierung unserer Firmenräume übernehmen. Wann könnten Sie sich die Räume ansehen? Uns wäre ein Termin schon in der nächsten Woche recht.

Mit freundlichen Grüßen
José García Wurngruber

a) Anfrage
b) Auftrag
c) Kostenvoranschlag
d) Bestellung
e) Reklamation
f) Terminbestätigung
g) Rechnung
h) Terminverschiebung
i) Terminabsage

Leseverstehen, Teil 2 – Geschäftliche E-Mails lesen und Fragen dazu beantworten

→ Es gibt eine Abfolge von mehreren E-Mails untereinander.
→ Zu den E-Mails gibt es fünf Multiple Choice-Aufgaben.
→ Bei jeder Multiple-Choice-Aufgabe gibt es nur eine richtige Lösung: a, b oder c. Richtig bedeutet: Es steht in anderen Worten im Text.
→ Lesen Sie zuerst Aufgabe 6 und dann den Text, bis Sie die Lösung haben. Markieren Sie die Lösung.
→ Lesen Sie dann die nächste Aufgabe und finden Sie die nächste Lösung. Achtung: Die Aufgaben stehen nicht immer in der gleichen Reihenfolge wie die Informationen im Text.
→ Machen Sie das bei allen Aufgaben so.
→ Die älteste E-Mail ist unten, die neueste ganz oben. Beginnen Sie mit dem Lesen also unten.

So sieht die Aufgabe in der Prüfung aus:

Lesen Sie den Artikel und die Aufgaben 6–10. Welche Lösung (a, b oder c) ist jeweils richtig? Markieren Sie Ihre Lösungen für die Aufgaben 6–10 in den Antwortbogen.

Von: „Sanitär-Heizungs- und Klimatechnik Firma Brugger" <anton.brugger@brugger-klimatechnik.de>

An: „Ansgar Görwihl" <goerwihl@gaertnerei-goerwihl.de>

Betreff: Re: Re: Re: Reklamation: Armaturen, defekter Boiler

Sehr geehrter Herr Görwihl,

wir möchten Sie noch einmal um Entschuldigung bitten, dass unsere Handwerker vom Serviceteam gestern nicht wie versprochen zu Ihnen gekommen sind. Ich weiß, dass Sie dringend warmes Wasser brauchen, daher tut mir der Fehler besonders leid. Unsere Handwerker haben im Moment unsere Firma verlassen und sind in 20 Minuten bei Ihnen.
Wir werden Ihnen noch heute per Post einen Gutschein von 80 Euro zukommen lassen. Wenn Sie wieder etwas von uns reparieren lassen, können Sie ihn verrechnen. Wir würden uns freuen, wenn Sie bald wieder unseren Service in Anspruch nehmen würden!

Mit freundlichen Grüßen
Anton Brugger

Ansgar Görwihl schrieb:
>Sehr geehrter Herr Brugger,
>es ist jetzt 16 Uhr und noch immer waren keine Handwerker in unserer Firma, um den
>kaputten Boiler zu reparieren.
>Bitte teilen Sie uns so schnell wie möglich mit, wann Sie kommen können.
>Unsere Firma wird Ihre Rechnung vom 16.05. über 118 Euro erst bezahlen,
>wenn alles funktioniert.
>Mit freundlichen Grüßen
>Ansgar Görwihl

Anton Brugger schrieb:
>>Sehr geehrter Herr Görwihl,
>>es tut mir leid, dass die Reparatur nicht erfolgreich war. Ich habe mit den Mitarbeitern, die
>>die Reparaturen bei Ihnen ausgeführt haben, gesprochen: Sie können sich den Fehler nicht
>>erklären. Heute, 17.05., schicken wir so bald wie möglich, spätestens aber um 13 Uhr
>>noch einmal zwei Service-Mitarbeiter. Wir hoffen, Ihnen dann zu Ihrer Zufriedenheit helfen
>>zu können.
>>Mit freundlichen Grüßen
>>Anton Brugger – Sanitär-Heizungs- und Klimatechnik Firma Brugger

Ansgar Görwihl schrieb:
>>> Sehr geehrter Herr Brugger,
>>> in den Waschräumen unserer Firma waren an zwei Waschbecken und einer Dusche die
>>> Armaturen nicht dicht und ein Boiler defekt. Wir mussten die Wasserleitung abstellen.
>>>Gestern, am 16.05., haben zwei Handwerker Ihrer Firma bei uns die Reparaturarbeiten
>>> ausgeführt. Als Ihre Handwerker nach zwei Stunden unseren Betrieb verließen,
>>> funktionierte alles wieder. Leider haben wir heute wieder Probleme mit dem Boiler, denn
>>> es fließt nur kaltes Wasser.
>>> Bitte schicken Sie so bald wie möglich wieder jemanden zur Reparatur.
>>> Mit freundlichen Grüßen
>>> Ansgar Görwihl
>>> A. Görwihl – Ihre Gärtnerei an der Staumauer – *www.gaertnerei-goerwihl.de*
>>> * An der Staumauer 12 * 78912 Seebrugg * Tel: 076843/295 238 20

6. Die Gärtnerei Görwihl hatte am 16.05. Probleme in den Waschräumen, weil
- **a)** die Waschbecken kaputt waren.
- **b)** die Armaturen und ein Boiler nicht funktionierten.
- **c)** die Wasserleitung defekt war.

7. Herr Görwihl von der Gärtnerei Görwihl
- **a)** hat die Rechnung von 118 Euro schon bezahlt.
- **b)** wird die Rechnung von 118 Euro nicht bezahlen.
- **c)** bezahlt die Rechnung, wenn Firma Brugger alles repariert hat.

8. Am 17.05.
- **a)** funktionierte alles wieder.
- **b)** ist kein Wasser mehr geflossen.
- **c)** war der Boiler defekt.

9. Herr Brugger entschuldigt sich und schreibt am 17.05., dass er
- **a)** bis 13 Uhr zwei Handwerker zur Reparatur schicken wird.
- **b)** ab 13 Uhr zwei Handwerker zur Reparatur schicken wird.
- **c)** um Punkt 13 Uhr zwei Handwerker zur Reparatur schicken wird.

10. Als Entschuldigung
- **a)** bringen die Handwerker 80 Euro für die Firma Görwihl in bar mit.
- **b)** bekommt die Firma Görwihl einen Gutschein für eine Reparatur.
- **c)** bringen die Handwerker einen Gutschein über 80 Euro mit.

Leseverstehen, Teil 3 – Anzeigen

- → Lesen Sie zuerst die Arbeitsanweisung ganz genau. Was ist Ihre Aufgabe?
- → Lesen Sie die erste Situation (11) und finden Sie die passende Anzeige.
- → Lesen Sie dann die nächste Situation (12) und finden Sie die passende Anzeige.
- → Machen Sie so weiter, bis Sie für alle Situationen eine Anzeige gefunden haben.
- → Wenn Sie keine passende Anzeige gefunden haben, machen Sie ein X.

So sieht die Aufgabe in der Prüfung aus:

Lesen Sie die Situationen 11–20 und die Anzeigen a–l. Finden Sie für jede Situation die passende Anzeige. Sie können jede Anzeige nur einmal benutzen.
Markieren Sie Ihre Lösungen für die Aufgaben 11–20 auf dem Antwortbogen.
Wenn Sie zu einer Situation keine Anzeige finden, markieren Sie ein X.

11. Sie suchen jemanden, der im Winter den Schnee auf dem Firmengelände räumt.
12. Ihre Firma möchte in der Personalküche eine neue Spülmaschine einbauen lassen.
13. Sie sind Krankenpfleger in einer Klinik. Es gibt oft Missverständnisse mit der Chefin und Sie möchten mit jemandem darüber sprechen.
14. Sie arbeiten in einer internationalen Firma. Sie möchten Ihre Sprachkenntnisse vertiefen.
15. Sie möchten ein Unternehmen gründen und haben kein Geld. Sie suchen kostenlose Beratung.
16. Sie arbeiten in einer Großküche und möchten ein Seminar über Küchenhygiene besuchen.
17. Sie möchten den Garten neu bepflanzen lassen.
18. Sie sind Koch und suchen Teilzeit-Arbeit in einem kleinen Restaurant.
19. Sie sind Pflegedienstleiterin und suchen ein Computerprogramm, mit dem Sie Dienstpläne schreiben können.
20. Ihre Geschäftspartner kommen aus der ganzen Welt. Sie möchten mehr darüber erfahren, wie man in anderen Ländern am Arbeitsplatz kommuniziert.

(a)

Garten- und Landschaftsbau OTTO und Sohn

Neugestaltung Ihres Grundstücks
- Terrassenbau, Gartenteiche
- Rasen, Blumen, Hecken, Bäume

tree concept

Sarwürcker Straße 12, Grona, Tel. 0228 968 45

(b)

Unternehmungsgründung, aber kein Geld?

Kredit PER SMS

– bis 25.000 Euro
– schnell
– keine Formalitäten

0888 8888 88 88 – einfach SMS schreiben

(c)

Erfolgreich im Beruf

Der Kommunikationstrainer André Bourget beschäftigt sich in seinem neuesten Buch mit Regeln im Beruf in anderen Ländern. Der Autor thematisiert kulturelle Unterschiede und gibt Tipps. Interessant: Rollenspiele zu typischen Situationen.

16,80 €, Taschenbuch, 220 Seiten, 2018

Aus der Reihe:
Wie machen es die Profis? – Güldner Wissen

(d)

WIE WEITER?

Sie haben eine Geschäftsidee und brauchen Hilfe bei Ihrer Geschäftsgründung?

Wir überprüfen Ihr Unternehmenskonzept:
– Haben Sie genug Startkapital?
– Was ist ein guter Finanzplan?
– Gibt es einen Markt für Ihr Produkt?
– Wo ist Ihre Marktlücke?
Erster Beratungstermin gratis.

WIE WEITER für Gründer
info@thüringen-fuer-gruender.de

e

Hausmeisterservice Reinsperger

- Haus und Garten
- Pflege- und Wartungsarbeiten
- Grundreinigung
- Winterdienst

Mobil 08937 12 43 76
Schlossplatz 12 · 70180 Stuttgart

f

Software Medizin/Pflege

Müssen Sie den Schichtdienst zuverlässig organisieren?

Bei uns finden Sie die richtige EDV!

- Programme für Pflegepläne
- Alle Formulare für Medizin und Pflege

EDV für Gesundheitseinrichtungen
www.edv-organisation-gesundheit.de

g

Hygieneregeln in der Gastronomie

Hygieneschulung nach § 43 IFSG
- professionelle Reinigung in der Gastronomie
- hygienische Anforderungen
- Reinigungstechniken

www.hygiene-community.de

h

Sprachenschule Hegwarth Kommunikation am Arbeitsplatz

- Telefonieren im Beruf
- Geschäftsbriefe schreiben
- Kundenberatung

Englisch, Französisch – Gruppenkurse
Einzelkurse auf Anfrage: Chinesisch, Russisch
Tel. 0564 73 72 290

i

Hilfe bei der **Existenzgründung**

Sie brauchen Informationen zur Selbstständigkeit und Existenzgründung?

Ihre **Arbeitsagentur**
Tel. 0700 12 12 12 12

Alle Info-Veranstaltungen gratis.

j

Wir suchen **Köchin/Koch**
für 39,5 Stunden in der Woche für unsere Großküche (Catering). Kollegiales Team. Bezahlung über Tarif, Schichtdienst.

ZLB 8509 SG 087497

k

Gespräch für Pflegende im Krankenhaus

Du arbeitest auf deiner Station und manchmal ist dir alles zu viel? Du hast Probleme in der Kommunikation mit Patienten, Kollegen, Vorgesetzten und/oder Angehörigen?
Wir treffen uns jeden Dienstagabend zum Reden: Komm vorbei, wir sprechen darüber und finden gemeinsam eine Lösung.

Dienstag, 19 Uhr, Raum 14.102 – St. Bruno Krankenhaus

l

SANITÄR SARHAN

Anlagemechaniker für Sanitär-Heizungs- und Klimatechnik

- Heizungen für Industrie und privat
- Alle Installationen in Bad und Küche
- Solaranlagen
- Wasser und Abwasser

www.sanitaer-sarhan.de

Sprachbausteine, Teil 1

- → Die Aufgabe besteht aus einem Text mit Lücken und Multiple-Choice-Aufgaben.
- → Sie müssen bei jeder Aufgabe das passende Wort für die Lücke ankreuzen.
- → In dieser Aufgabe geht es um Grammatik.
- → Lesen Sie zuerst den Text schnell.
- → Lesen Sie dann den Satz mit der ersten Lücke bis zum Ende und die drei Lösungsvorschläge in Aufgabe 21.
- → Es gibt nur eine richtige Lösung: a, b oder c. Kreuzen Sie diese an.
- → Wenn Sie die Lösung nicht wissen, dann gehen Sie zur nächsten Aufgabe.
- → Machen Sie das bei allen Aufgaben so.
- → Kreuzen Sie am Ende bei jeder Aufgabe, die Sie noch nicht gelöst haben, eine Lösung an.

So sieht die Aufgabe in der Prüfung aus:

Lesen Sie den Text und schließen Sie die Lücken 21–30. Welche Lösung (a, b oder c) ist jeweils richtig? Markieren Sie Ihre Lösungen für die Aufgaben 21–30 auf dem Antwortbogen.

Aus einem Handbuch für Bewerbungstraining:

Wenn Sie sich als neuer Mitarbeiter bei einem Unternehmen bewerben, ...**21**...... Sie über die Firma Bescheid wissen. Man kann zum Beispiel ......**22**...... der Firma anrufen oder sich auf der Webseite informieren. In ......**23**...... Bewerbungsschreiben können Sie dann den Bereich nennen, ...**24**...... Sie sich in der Firma besonders interessieren. Machen Sie Ihrem Arbeitgeber klar: ......**25**...... wollen Sie gerade hier arbeiten?

Wenn man zum Vorstellungsgespräch eingeladen ......**26**......, ...**27**...... man den Arbeitgeber dann von den eigenen beruflichen Qualitäten überzeugen.

Die Bewerbungsunterlagen müssen komplett sein. Unbedingt dazu gehören ein Anschreiben, ein Lebenslauf, ein Foto, das letzte Schulzeugnis und die Arbeitszeugnisse von ......**28**...... letzten Arbeitgebern.

Arbeiten Sie in Ihrer Freizeit ehrenamtlich, dann sollten Sie das unbedingt schreiben. Damit kann man zeigen, ...**29**...... man sozial kompetent ist und sich für andere engagiert.

Mit einer ......**30**...... Bewerbung hat man gute Chancen auf dem Arbeitsmarkt.

21. a) sollte
b) sollt
c) sollten

22. a) vor
b) bei
c) mit

23. a) Ihr
b) ihrem
c) Ihrem

24. a) in die
b) für den
c) zu der

25. a) Wo
b) Warum
c) Wann

26. a) wirst
b) werden
c) wird

27. a) können
b) kann
c) konnte

28. a) den
b) die
c) dem

29. a) dieses
b) das
c) dass

30. a) guter
b) guten
c) gutes

Sprachbausteine, Teil 2

- → Die Aufgabe besteht aus einem Text mit Lücken und 15 Wörtern.
- → Sie müssen für jede Lücke das passende Wort ankreuzen.
- → In dieser Aufgabe geht es um Wortschatz.
- → Lesen Sie zuerst den Text schnell.
- → Lesen Sie dann den Satz mit der ersten Lücke bis zum Ende und die Lösungswörter.
- → Es gibt nur eine richtige Lösung für jede Lücke. Kreuzen Sie diese an.
- → Es gibt fünf Wörter, die nicht passen.
- → Wenn Sie die Lösung nicht wissen, dann gehen Sie zur nächsten Aufgabe.
- → Machen Sie das bei allen Aufgaben so.
- → Kreuzen Sie am Ende bei jeder Aufgabe eine Lösung an.

So sieht die Aufgabe in der Prüfung aus:

Lesen Sie den Text und schließen Sie die Lücken 31–40. Benutzen Sie die Wörter a–o.
Jedes Wort passt nur einmal.
Markieren Sie Ihre Lösungen für die Aufgaben 31–40 auf dem Antwortbogen.

Betreff: Unsere Firma sucht neue Büroräume in Hamburg

Sehr geehrte Herr Anton,

die Firma Wallberg GmbH aus Bremen, mit der wir seit langer Zeit zusammenarbeiten, hat uns Ihr Unternehmen ……**31**……. Wir ……**32**…… uns für Ihr Angebot in Hamburg. Wir sind ein Unternehmen mit 125 Mitarbeiterinnen und Mitarbeitern.
Wir produzieren Büromöbel, die wir im Moment in Deutschland, Österreich und der Schweiz verkaufen. Wir ……**33**…… aber, unsere Produkte ab 2020 auch in Dänemark und den Niederlanden anzubieten. Dafür müssen wir uns ……**34**…… und suchen neue Büroräume in Hamburg. Wir brauchen ca. 800 m^2 ……**35**…… mit Sanitärräumen. Schön wäre ein heller Raum mit Terrasse, auf der unsere ……**36**…… Pause machen können. Wichtig ist uns, dass man unsere neue ……**37**…… mit öffentlichen Verkehrsmitteln gut ……**38**…… kann. Könnten Sie uns ein Angebot ……**39**……?
Damit Sie einen Eindruck von unserem Unternehmen bekommen, schicke ich Ihnen die Pläne unseres bisherigen Firmengebäudes und den ……**40**…… unserer Produkte mit.
Wir freuen uns auf Ihre Antwort.

Mit freundlichen Grüßen
Anna Dobrindt

a) INTERESSIEREN	d) BÜROFLÄCHE	g) ETAGE	j) GESAGT	m) PLANEN
b) ANGESTELLTEN	e) EMPFOHLEN	h) FAHREN	k) KATALOG	n) VERGRÖSSERN
c) BÜRO	f) ERREICHEN	i) FILIALE	l) MACHEN	o) VORBEREITEN

Hörverstehen, Teil 1

→ Lesen und hören Sie die Arbeitsanweisung zuerst ganz genau. Was genau ist Ihre Aufgabe?
→ Lesen Sie die Aufgaben 41 bis 45 ganz genau. Sie haben dazu 30 Sekunden Zeit.
→ Sie hören dann die Aussagen von fünf Personen. Sie hören die Aussagen nur einmal.
→ Hören Sie und markieren Sie mit + (richtig) oder – (falsch).
→ Kreuzen Sie am Ende bei jeder Aufgabe, die Sie noch nicht gelöst haben, eine Lösung an.
→ Wichtig: Sie haben für den Prüfungsteil „Hörverstehen“ insgesamt 30 Minuten Zeit.

So sieht die Aufgabe in der Prüfung aus:

36 **Sie hören die Aussagen von fünf Personen. Sie hören die Aussagen nur einmal. Entscheiden Sie beim Hören, ob die Aussagen 41–45 richtig (+) oder falsch (–) sind.**
Markieren Sie Ihre Lösungen für die Aufgaben 41–45 auf dem Antwortbogen.
Lesen Sie jetzt die Aufgaben 41–45. Sie haben dazu 30 Sekunden Zeit.

41. Christoph Weise fühlte sich bei seiner alten Arbeit richtig wohl.
42. Orhan Yildirim hat ungewöhnliche Arbeitszeiten.
43. Lilo Riegele kann Beruf und Familie verbinden.
44. Jürgen Krawitzke spricht über seine Erfahrungen bei der Bahn.
45. Hanna Büttner möchte gerne regelmäßige Arbeitszeiten haben.

Hörverstehen, Teil 2

→ Lesen und hören Sie die Arbeitsanweisung zuerst ganz genau. Was genau ist Ihre Aufgabe?
→ Lesen Sie dann die Aussagen 46 bis 55 ganz genau. Sie haben dazu eine Minute Zeit.
→ Hören Sie das Gespräch und markieren Sie schon beim ersten Hören: + (richtig) oder – (falsch).
→ Sie hören das Gespräch noch einmal. Kontrollieren Sie Ihre Lösungen.
→ Kreuzen Sie am Ende bei jeder Aufgabe, die Sie noch nicht gelöst haben, eine Lösung an.

So sieht die Aufgabe in der Prüfung aus:

37 **Sie hören ein Gespräch. Sie hören das Gespräch zweimal. Entscheiden Sie beim Hören, ob die Aussagen 46–55 richtig (+) oder falsch (–) sind.**
Markieren Sie Ihre Lösungen für die Aufgaben 46–55 auf dem Antwortbogen.
Lesen Sie jetzt die Aufgaben 46–55. Sie haben dazu eine Minute Zeit.

46. Frau Landa will Herrn Müller etwas am Computer erklären.
47. Herr Müller war zu lange in der Mittagspause.
48. Frau Landa ist bald nicht mehr da, weil sie gekündigt hat.
49. Herr Müller versteht den Begriff „Arbeitsbereich“ nicht.
50. Die Frühschicht dauert von 8 bis 12 Uhr.
51. Der Bedarf an Personal ist an allen Tagen gleich.
52. Herr Müller findet es leicht, das Programm zu bedienen.
53. Herr Müller muss alle Mitarbeiter/innen neu eingeben.
54. Es gibt für das Programm eine Anleitung.
55. Frau Landa will am nächsten Tag noch etwas erklären.

Hörverstehen, Teil 3

- → Lesen und hören Sie die Arbeitsanweisung zuerst ganz genau. Was genau ist Ihre Aufgabe?
- → Lesen Sie dann die erste Aufgabe ganz genau.
- → Sie sollen wichtige Informationen in 5 Durchsagen (Telefonnachrichten, Ansagen usw.) verstehen.
- → Sie hören jeden Text zweimal. Entscheiden Sie schon beim ersten Hören, ob die Aussagen richtig (+) oder falsch (–) sind. Markieren Sie Ihre Lösung. Nur eine Lösung ist richtig.
- → Sie hören dann den Text noch einmal. Kontrollieren Sie Ihre Lösung.
- → Machen Sie mit den folgenden Aufgaben genau so weiter.
- → Kreuzen Sie am Ende bei jeder Aufgabe, die Sie noch nicht gelöst haben, eine Lösung an.

So sieht die Aufgabe in der Prüfung aus:

38 **Sie hören fünf kurze Texte. Sie hören die Texte zweimal. Entscheiden Sie beim Hören, ob die Aussagen 56–60 richtig (+) oder falsch (–) sind. Markieren Sie Ihre Lösungen für die Aufgaben 56–60 auf dem Antwortbogen. Lesen Sie jetzt die Aufgabe 56.**

56. Die Firma Goldschmitt GmbH arbeitet werktags bis 19:30 Uhr.
57. Bei Fragen zur Arbeitssuche drücken Sie die 9.
58. Sie sollen schnell nach draußen gehen.
59. Sie sollen sich um den IT-Experten kümmern.
60. Man sollte wissen, was die Firma herstellt oder anbietet.

Schriftlicher Ausdruck

- → Lesen Sie zuerst den Text (die Werbeanzeige, das Angebot usw.).
- → Lesen Sie dann die Aufgabe unter dem Text.
- → Überlegen Sie genau: Was ist die Situation? Warum sollen Sie den Brief schreiben?
- → Schreiben Sie etwas zu allen Punkten der Aufgabe.
- → Wichtig: Sie haben für den Prüfungsteil „Schreiben" insgesamt 30 Minuten Zeit.

So sieht die Aufgabe in der Prüfung aus:

Im Internet finden Sie folgende Annonce:

Startseite v | Unternehmen v | Produkte v | Preise v | Service v | Kontakt v

Willkommen bei Justus-Druck
Ihre Druckerei im Rhein-Main-Gebiet

über 200 Jahre Erfahrung, über 200 Jahre höchste Qualität

Wir arbeiten mit modernsten Maschinen auf höchstem technischen Stand und ermöglichen somit optimale Produktion in allen Bereichen – von Broschüren, Büchern, Zeitschriften bis zu Visitenkarten.

Sie erwarten eine schnelle Abwicklung und Realisierung Ihrer Drucksache?

Dann sind wir Ihr Partner!

www.justus-druck.de; info@justus-druck.de

Sie arbeiten in einem mittelgroßen Autohaus. Die Geschäftsführung bittet Sie, Angebote für den Druck der neuen Werbebroschüre (4 Seiten, verschiedene Fotos) einzuholen. Fordern Sie ein Angebot von der Druckerei Justus-Druck an und berücksichtigen Sie die folgenden vier Punkte:

- erläutern Sie die Situation
- was gemacht werden soll
- Kosten für 500 / 1000 / 5000 Stück
- wann geliefert werden kann

Bevor Sie den Brief schreiben, überlegen Sie sich die passende *Reihenfolge der Punkte*, eine passende *Einleitung* und einen passenden *Schluss*. Vergessen Sie auch nicht *Datum* und *Anrede*.

Mündlicher Ausdruck, Teil 1 – Kontaktaufnahme

→ Sie erzählen von sich und stellen dem Partner / der Partnerin Fragen.
→ Sie können die Stichpunkte auf dem Aufgabenblatt verwenden, aber auch über andere Themen sprechen. Die Prüfenden können auch ein zusätzliches Thema ansprechen.

So bereiten Sie sich jetzt vor:

→ Schreiben Sie zu jedem Stichwort mindestens einen Satz.
→ Notieren Sie Fragen, die Sie Ihrem Partner / Ihrer Partnerin stellen wollen.
→ Notieren Sie drei weitere Themen und schreiben Sie jeweils einen Satz dazu.
→ Stellen Sie sich dann vor und erzählen Sie Ihrem Partner / Ihrer Partnerin über sich.
→ Beantworten Sie die Fragen Ihres Partners / Ihrer Partnerin.
→ Stellen Sie Fragen.
→ Üben Sie das Gespräch mehrmals.

Wichtig: Sie haben für die Vorbereitung des Prüfungsteils „Mündlicher Ausdruck" insgesamt 20 Minuten Zeit. Der Prüfungsteil „Mündlicher Ausdruck" dauert insgesamt ca. 15 Minuten. Die „Kontaktaufnahme" dauert 2–3 Minuten.

So sieht die Aufgabe in der Prüfung aus:

Teilnehmer/in A und B

Unterhalten Sie sich mit Ihrer Partnerin bzw. Ihrem Partner über folgende Themen:

- Name
- woher sie oder er kommt
- wie sie oder er wohnt (Wohnung, Haus, Balkon, Garten …)
- Familie
- wo sie oder er Deutsch gelernt hat
- was sie oder er macht (Beruf, Arbeit, Ausbildung …)
- Sprachen (welche? wie lange? warum?)

Mögliche Zusatzthemen:

- wie sie oder er das Wochenende verbringt
- welche Hobbys sie oder er hat

Fragen an den Partner / die Partnerin

Wie heißen Sie?
Woher kommen Sie?
Darf ich Sie nach Ihrer Familie fragen?
Wo wohnen Sie?
Wie lange lernen Sie schon Deutsch?
Wo haben Sie Deutsch gelernt?
Was ist Ihr Beruf?
Haben Sie in diesem Beruf schon gearbeitet?
Welche Sprachen sprechen Sie?

Antworten zur eigenen Person geben

Ich heiße …
Ich komme aus …
Ich bin ledig/verheiratet/geschieden/…
Ich habe eine Tochter / einen Sohn / keine Kinder.
Ich lerne seit … Deutsch, weil …
Mein Beruf ist …
Ich habe von … bis … bei … in … gearbeitet.
Ich mache eine Ausbildung als …
Ich habe … in … studiert.
Ich habe an der …-Schule Deutsch gelernt.
Meine Muttersprache ist …
Ich spreche außerdem …, weil …

Mündlicher Ausdruck, Teil 2 – Gespräch über ein Thema

- → Sehen Sie sich Ihre Fotos an und lesen Sie den Text unter den Fotos genau.
- → Fassen Sie de Text zusammen oder machen Sie sich Notizen.
- → Welche Erfahrungen haben Sie mit dem Thema? Machen Sie sich auch dazu Notizen.
- → Sprechen Sie: Informieren Sie Ihren Partner / Ihre Partnerin über die Informationen aus dem Text.
- → Sprechen Sie dann darüber, welche Erfahrung Sie mit dem Thema haben.
- → Tauschen Sie sich mit Ihrem Partner / Ihrer Partnerin über das Thema aus.
- → Der Prüfungsteil „Gespräch über ein Thema" dauert ungefähr 6 Minuten.

So sieht die Aufgabe in der Prüfung aus:

Sie haben in einer Zeitschrift etwas zum Thema „Arbeiten, wenn andere schlafen" gelesen. Berichten Sie Ihrer Partnerin bzw. Ihrem Partner, welche Informationen Sie haben. Ihre Partnerin bzw. Ihr Partner hat zum gleichen Thema andere Informationen und berichtet auch darüber. Unterhalten Sie sich danach über das Thema. Erzählen Sie von persönlichen Erfahrungen, stellen Sie Fragen und reagieren Sie auf die Fragen Ihrer Partnerin bzw. Ihres Partners.

Teilnehmer/in A

„Morgens frisches Brot und warme Brötchen zum Frühstück? Die backen wir Bäcker, wenn alle schlafen! Morgens um 2 Uhr heize ich den Ofen und fange mit dem Backen an. Nachts backe ich und stehe dann ab 7 Uhr im Laden, um zu verkaufen. Um 11 Uhr habe ich Feierabend. Jetzt ist das noch in Ordnung, aber was mache ich, wenn ich älter werde? Ob ich die Arbeitszeiten dann auch noch gut finde?"
Giorgio de Santis (56 Jahre, Bäcker)

Teilnehmer/in B

„Ich arbeite in einem großen Hotel. Die Gäste reisen zu jeder Tages- und Nachtzeit an und ab. Rezeption, Zimmerservice, Büro, ich mache alles. Wir Hotelfachangestellte arbeiten auch, wenn andere Feierabend machen. Manchmal bin ich sehr müde, aber ich arbeite in dem Beruf, den ich mir immer gewünscht habe. Und wenn man in seinem Traumberuf arbeitet, dann macht Arbeit zu jeder Uhrzeit Spaß."
Angelika Neuhaus (33 Jahre, Hotelfachfrau)

sagen, was in einem Text steht	die eigene Meinung sagen	über eigene Erfahrungen sprechen
Das Thema des Textes ist …	Meiner Meinung nach ist …	Meine Erfahrung mit … ist, dass …
Im Text geht es um …	Ich denke/finde, dass …	Ich habe/war/bin einmal …
Sie/Er sagt/behauptet, dass …	Es ist interessant, dass …	Ich selbst habe keine Erfahrung mit … gemacht, aber … sagt, dass …
Sie/Er fragt sich, ob …	Es überrascht mich, dass …	Ich habe keine Erfahrung mit dem Thema, denke aber dass …
Seiner/Ihrer Meinung nach ist …	Mir fällt auf, dass …	
	Wo ich aufgewachsen bin, ist es so: …	

Mündlicher Ausdruck, Teil 3 – Gemeinsam eine Aufgabe lösen

- → Lesen Sie die Situation und die Arbeitsanweisung. Was ist Ihre Aufgabe? Was sollen Sie tun?
- → Lesen Sie die Stichpunkte und Fragen auf dem Notizzettel.
- → Formulieren Sie Fragen zu den Stichpunkten.
  Zum Beispiel: Hotel? → „Wie viele Gäste kommen? Wer reserviert das Hotel?
- → Notieren Sie in Stichworten, was Sie machen möchten und warum.
- → Sagen Sie Ihrem Partner / Ihrer Partnerin Ihre Vorschläge und begründen Sie sie.
- → Reagieren Sie auf die Vorschläge Ihres Partners / Ihrer Partnerin und auf die Begründungen.
- → Finden Sie gemeinsam eine Lösung.
- → Der Prüfungsteil „Gemeinsam eine Aufgabe lösen“ dauert ungefähr 6 Minuten.

So sieht die Aufgabe in der Prüfung aus:

Sie und Ihr Partner oder Ihre Partnerin arbeiten in einer internationalen Firma für Computerprogramme. Eine Gruppe französischer Geschäftspartner kommt zu Besuch in Ihre Firma. Sie sollen den Aufenthalt planen.
Hier einige Punkte, die Ihnen bei Ihrer Planung helfen:

Hotel?
Abholung am Ankunftstag
Begrüßung in der Firma?
Begrüßungsessen oder nur Imbiss?
Besichtigungsprogramm in der Firma
Programm abends?
...?

Entscheiden Sie zuerst, was Sie machen möchten und warum.
Tragen Sie Ihrem Partner Ihre Ideen vor und begründen Sie sie.
Reagieren Sie auf die Ideen Ihres Partners bzw. Ihrer Partnerin und die Begründungen.
Einigen Sie sich auf einen gemeinsamen Programmvorschlag.

die Aufgabe nennen
Unsere Aufgabe ist: Wir müssen/sollen ...
Zuerst müssen wir entscheiden, was/wo/wie ...
Wir müssen auch ... organisieren.
Dann müssen wir noch ...

einen Vorschlag gut finden
Das ist ein guter Vorschlag / eine gute Idee.
Diese Idee / Dieser Vorschlag gefällt mir.
Diese Idee / Diesen Vorschlag finde ich gut.
Ja, gut. So machen wir es.

einen Vorschlag machen
Wichtig ist, dass wir ...
Wir müssen ...
Was hältst du davon, wenn wir ...
Ich schlage vor, dass ...

einen Vorschlag nicht gut finden
Ich finde die Idee / den Vorschlag nicht so gut, weil ...
Diese Idee / Dieser Vorschlag gefällt mir nicht, weil ...
Die Idee / Der Vorschlag ist nicht schlecht, aber es wäre besser, wenn wir ...

Hörtexte

Kapitel 1: Dienstleistung

2 **Aufgabe 1c, d und e**

Ansage 1

Firma Leismann, Götting am Apparat. Können Sie bitte ganz schnell kommen? Der Aufzug funktioniert nicht. Unser Chef steckt zwischen dem 11. und dem 12. Stock fest! Und wir haben um 10:00 Uhr eine wichtige Besprechung. Sie müssen sofort kommen! Das ist ein Notfall!

3 **Ansage 2**

Meisner hier, Sophie-Scholl-Schule. Ich bitte dringend um Ihren Rückruf. Am Sonntag um 8:00 Uhr lag noch dick Schnee auf den Gehwegen vor der Schule! So geht das nicht! Wir bezahlen viel Geld für Ihren Winterdienst und erwarten, dass das perfekt läuft. Bitte rufen Sie mich so bald wie möglich zurück!

4 **Ansage 3**

Guten Morgen! Hier ist Janine Yilmaz von der Firma „Yilmaz und Block". Wir haben ein Problem mit einem Rauchmelder. Er piept ständig, obwohl es keinen Rauch gibt. Bitte kommen Sie heute und sehen Sie sich das mal an. Vielleicht bringen Sie gleich einen neuen Rauchmelder mit? Vielen Dank!

5 **Ansage 4**

Tag, hier Schumann aus der Mühlstraße 24, 3. Stock. Bei uns kommt Wasser von oben! Und wir haben einen dunklen Fleck an der Wand. Sieht nicht schön aus! Wir haben die Wohnung gerade renoviert. Können Sie bitte sofort kommen und nachsehen, was das ist? Ich geb Ihnen meine Handy-Nummer. Wir bleiben zuhause, bis Sie da sind. Also, das ist die …

6 **Aufgabe 2b und c**

● Guten Morgen!
○ Guten Morgen! Mein Name ist Michalski. Was kann ich für Sie tun?
● Ich komme vom Hausmeisterservice Haak. Sie haben uns angerufen, weil offenbar ein Rauchmelder defekt ist.
○ Wissen Sie, wer Sie angerufen hat?
● Ich glaube, eine Frau Yilmaz.
○ Die Chefin. Da frag ich mal nach. Augenblickchen!
● O.k.
○ Frau Yilmaz, hier ist Michalski vom Empfang. Hier ist jemand vom Hausmeisterservice. Es geht um einen defekten Rauchmelder. … O.k. Die Buchhaltung. … Ja, ich sag's ihr. Danke! … Das ist in der Verwaltung. Zimmer 104, Frau Lopez.
● Wie komme ich dahin?
○ Sie gehen hier durch die Glastür ins Nebengebäude. Dann die Treppe oder den Aufzug ins 1. Obergeschoss, dann rechts den Gang runter. Sie gehen an der Personalabteilung vorbei. Dann kommt gleich die Buchhaltung. Zimmer 104 liegt links. Warten Sie! Sie bekommen noch den Tagesausweis. Bitte unterschreiben Sie hier.
● Klar, danke!
○ Ach, Frau Yilmaz möchte, dass Sie danach nochmal bei ihr nach der Heizung sehen. Die heizt nicht richtig.
● Alles klar. Ich komm dann gleich …

7 **Aufgabe 3b und c**

● Das ist doch einfach unglaublich! Ich komm nicht an das Ding ran.
○ Ich habe schon Kopfschmerzen!
● Das Ding geht gerade dann an, wenn man es nicht brauchen kann.
○ Herein! … Wann kommt endlich der Hausmeisterservice?
■ Hier ist er schon. Guten Morgen! Bin ich hier in der Buchhaltung? Ist das der kaputte Rauchmelder?
● Ja! Gut, dass Sie kommen! Das Ding stört sehr!
■ Das kann ich mir denken.
○ Ja. Bitte tun Sie was.
■ Einen Augenblick.
● Ein Glück, Ruhe!
○ Noch länger und … ich weiß nicht, warum wir hier überhaupt Rauchmelder haben. Rauchmelder sind nur in Privathaushalten Vorschrift.
● Herr Block hat sie absichtlich installieren lassen, weil wir hier in der Buchhaltung so viele wichtige Akten haben. Er will auf keinen Fall einen Brand haben.
■ Damit hat er recht! Na ja, dieser Rauchmelder ist sehr alt und verschmutzt. Ich mach erst mal einen Funktionstest. Die Batterie ist sehr schwach, deshalb das Signal. Ich werde ein neues Gerät einbauen.
● Ja, machen Sie das.
■ So, jetzt haben Sie ein neues Gerät und wieder Ihre Ruhe. Gibt es noch andere Rauchmelder, die so alt sind?
● Ja. Ein paar hier in der Buchhaltung. Ich weiß nicht, ob sonst noch irgendwo im Haus.
■ Das werde ich mal weitergeben. Die Dinger muss man ab und zu überprüfen. Zu dem neuen Gerät habe ich hier ein Wartungsheft für Sie. Da schreibe ich auf, wo ich den Rauchmelder installiert habe und was ich getan habe. … Hier erst einmal: Wo ist der Rauchmelder? Kein Schlafzimmer, kein Kinderzimmer … ein Büro. Ich messe das kurz mal aus, o.k., das sind Fläche 20 Quadratmeter und Höhe 3 Meter 50. Der Rauchmelder ist genau hier in der Mitte vor den Regalen, links wenn man reinkommt. O.k., jetzt habe ich alles.
○ Vielen Dank!
● Möchten Sie noch eine Tasse Kaffee?

8 **Aufgabe 4a**

■ Ja, einen Augenblick bitte. Holger, kannst du mal ans Telefon kommen? Der Direktor der Sophie-Scholl-Schule, Herr Meisner, will dich sprechen. Es geht bestimmt um seinen Brief!
● Herr Meisner? Ach ja, der neue Kunde, der den Beschwerdebrief geschickt hat. Ich wollte ihn anrufen, aber dann kam die Sache mit dem Aufzug dazwischen. Gib her, ich spreche mit ihm. Guten Tag, Herr Meisner, ich wollte Sie auch anrufen.
○ Hallo, Herr Haak. Ich warte schon auf Ihren Anruf. Ich muss mich beschweren. Ich habe nicht nur auf Ihren Anrufbeantworter gesprochen, sondern Ihnen auch eine E-Mail geschrieben! Und ich habe noch keine Antwort bekommen. Das finde ich nicht in Ordnung.
● Bitte entschuldigen Sie. Wir hatten einen Notfall.
○ Hmm, na gut. Um was es geht: Ich muss Ihnen sagen, Ihr Winterdienst läuft nicht o.k.
● Verstehe ich das richtig: Sie sind mit unserem Service nicht zufrieden?
○ Genau, so ist es. Ihr Mitarbeiter arbeitet nicht ordentlich.
● Das tut mir sehr leid. Herr Romero ist schon viele Jahre bei uns und wir kennen ihn als einen sehr guten Mitarbeiter. Darf ich fragen, was passiert ist?
○ Also: Wir haben ausgemacht, dass Sie Schnee und Eis wegmachen – auf der Straße um das Grundstück und auf den Wegen. Alle Gehwege müssen von 7 bis 20 Uhr frei von Schnee sein. Gestern hatten wir ein Fest in der Schule. Ich bin um 8:00 Uhr in die Schule gekommen. Da war noch hoher Schnee auf den Wegen. Ich bin fast hingefallen! So geht das nicht!
● Ich verstehe, dass Sie verärgert sind. Aber ich muss nochmal nachfragen: Sie waren schon um 8:00 Uhr da? Am Sonntag?

○ Ja, genau. Ich musste noch was vorbereiten. Die Schule bezahlt Ihnen viel Geld für den Winterdienst. Wenn Sie nicht zuverlässig sind, müssen wir uns einen anderen Hausmeisterservice suchen.

● Das ist bestimmt ein Missverständnis. Ich habe jetzt den Vertrag vor mir. Hier steht, dass wir an Sonntagen und Feiertagen später anfangen. Montag bis Samstag fängt Herr Romero um 7:00 Uhr an, aber am Sonntag und an Feiertagen erst um 8:30 Uhr.

○ Wie bitte? Habe ich da selbst einen Fehler gemacht? Sind Sie ganz sicher?

● Ja. Vielleicht haben Sie das nicht ganz richtig gelesen.

○ Da muss ich mich entschuldigen.

● Ich bin vor allem beruhigt, denn Herr Romero ist wirklich ein guter Mitarbeiter. Aber wir sollten für die Zukunft eine andere Lösung finden. Rufen Sie uns an, wenn wir sonntags oder an Feiertagen früher kommen sollen.

○ Ja, so machen wir es. Vielen Dank für Ihr Verständnis.

● Keine Ursache, Herr Meisner.

Kapitel 2: Arbeit mit Lebensmitteln

9 Aufgabe 2e

Dialog 1

● Haben Sie auch laktosefreien Pudding?

○ Wie bitte?

● Na, Sie wissen schon: Pudding ohne Milch. Ich vertrage Laktose nicht und kann keine Milchprodukte essen.

○ Nein, leider nicht. Der Pudding hier enthält Laktose. Nehmen Sie doch die Nachspeise mit Sojamilch.

● Ach ja, die habe ich gar nicht gesehen. Danke!

10 Dialog 2

● Ich hätte gerne die Nudeln. Aber nur, wenn keine Eier drin sind.

○ Es sind keine Eier in den Nudeln.

● Woher soll ich das denn wissen?

○ Wir kennzeichnen die Lebensmittel. Sehen Sie die Liste da vorne? Da steht alles drauf. Und wenn hier auf dem Schild bei den Nudeln nicht die Zahl 3 steht, dann sind auch keine Eier drin. Wenn da eine 3 stehen würde, wären Eier drin. Sind aber nicht.

● Bekomme ich jetzt die Nudeln?

○ Natürlich. Einmal Nudeln mit Soße – ohne Ei. Guten Appetit.

11 Dialog 3

● Entschuldigung, ist in dem Gulasch Schweinefleisch?

○ Nein, Rind. Schauen Sie mal, auf dem Schild steht ein R. Das bedeutet: Es ist Rindfleisch.

● Oh gut! Ich esse kein Schwein.

○ Ja, viele Leute wollen heutzutage lieber Rind oder Hühnchen. Schauen Sie immer auf die Liste. Ein S bedeutet Schwein …

12 Dialog 4

● Der Kuchen da sieht lecker aus.

○ Ja, nicht?

● Schade, ich kann ihn nicht essen. Auf dem Schild ist eine 1, also enthält der Kuchen Gluten.

○ Können Sie Gluten nicht vertragen?

● Ja, leider …

○ Wie wär's mit einem Stück Käsekuchen? Der ist glutenfrei.

● Super! Das nehme ich dann!

13 Aufgabe 3b

● Leute, bitte alle mal herhören!

□ Was gibt's denn?

● Die Hygienekontrolle war im Seniorenheim in der Waldstraße. Die Kollegin dort hat mich angerufen. Sie denkt, dass wir auch bald eine Kontrolle bekommen.

■ Oh nein.

● Das bedeutet, dass ihr die Küchengeräte und die Arbeitsflächen besonders gut reinigen müsst. Ihr kennt Herrn Pfaff vom Hygienekontrolldienst? Na, dann muss ich ja nichts mehr sagen.

○ Uff, ich wollte heute pünktlich weg …

● Daraus wird leider nichts. Wir hatten noch nie Probleme mit der Hygienekontrolle und wollen auch in Zukunft keine. Fernando, wie sieht es mit dem Lager aus? Ist alles gut aufgeräumt? Wie sehen die Kühlkammern aus?

○ Super. Alles super sauber.

● Am besten, ich schaue sie mir gleich mal an. Wie ist es mit den Arbeitsflächen, den Geräten und dem Boden in der Küche?

■ Also, ich wollte ja eigentlich nichts sagen, aber ich hab da ein Problem. Wenn ich morgens komme, ist es noch ganz schön fettig überall.

□ Willst du damit sagen, dass ich nicht gut putze, Thomas?

■ Nein, nein. Aber letzte Woche hat auch jemand einen schmutzigen Lappen liegen lassen.

□ Das war ich nicht!

● Warum hast du mir das nicht früher gesagt, Thomas? Ich muss es doch unbedingt wissen, wenn es Probleme mit der Hygiene gibt.

■ Na ja, ich wollte keinen Ärger machen.

● Wenn es nicht sauber ist, will ich das wissen.

□ Aber das ist nicht meine Schuld, wenn da ein Lappen rumgelegen hat! Damit habe ich nichts zu tun.

○ Hey, Lina, lass es gut sein. Er hat es nicht so gemeint.

● Leute, das bringt doch nichts. Wir müssen uns alle um eine perfekte Hygiene bemühen. Und nicht nur, weil wir eine Kontrolle bekommen, sondern weil es für unsere Gesundheit und die Gesundheit von unseren Gästen wichtig ist. Wir werden in der nächsten Zeit eine Hygieneschulung durchführen, an der Sie alle – ja, alle! – teilnehmen. Und jetzt putzt, was das Zeug hält. Wenn die Kontrolle kommt, muss alles blinken und blitzen.

Kapitel 3: Gesundheitsberufe

14 Aufgabe 1b und c

● Paul, hast du gerade mal Zeit?

○ Ja, worum geht es denn?

● Kannst du mir den Pflegeplan erklären?

○ Klar, mache ich gerne. Also, schau: Wir schreiben einen Pflegeplan, damit wir wissen, welcher Patient welche Probleme hat und was wir dagegen tun, damit die Probleme weggehen.

● Gut. Zum Beispiel?

○ Schau mal hier: Herr Brunner. Er ist auf der Straße gestürzt. Er hat eine Wunde am Kopf. Er hat Schmerzen. Und er ist unsicher beim Gehen.

● O.k., habe ich verstanden. Dann ist er natürlich unsicher beim Gehen. Was tun wir im Krankenhaus dagegen? Hier, sind das die Pflegemaßnahmen?

○ Genau. Alles, was Ärzte und Pflegepersonal im Krankenhaus machen, damit ein Patient wieder gesund wird, sind die Pflegemaßnahmen. Die tragen wir hier unter „Pflegemaßnahmen" ein: Der Patient kann nicht sicher gehen. Wir müssen ihm helfen. Wir schreiben hier: „Hilfe beim Waschen und Anziehen". Er hat Schmerzen. Wir schreiben die Medikamente gegen Schmerzen auf.

● Aha, ich verstehe. „Hilfe beim Waschen und Anziehen", „Medikamente gegen Schmerzen" sind die Pflegemaßnahmen. Und hier, was ist das hier?

○ Die Pflegeziele sind das, was wir erreichen wollen. Wir wollen, dass Herr Brunner keine Schmerzen mehr hat. Du schreibst also unter „Pflegeziele": „schmerzfrei".

● Klar, logisch, wir wollen, dass Herr Brunner schmerzfrei ist.

Und warum schreiben wir den Pflegebericht?
○ Der Pflegebericht ist eine Dokumentation. Wenn du nach Hause gehst und die Nachtschicht kommt, dann kann sie da alles nachlesen.
● Ah, alles klar. Danke!

15 **Aufgabe 1d und e**
○ Komm, wir machen die Übergabe für Frau Chodroff. Da kannst du schon mal üben. Also: Was muss ich wissen?
● O.k., Pfleger Paul, haben Sie jetzt Zeit? Ich möchte die Übergabe machen.
○ Ja, sehr gerne Schwester Jessica. Fangen Sie an. Das ist passiert: Auf Zimmer 92 haben wir eine neue Patientin. Sie heißt Ina Chodroff. Ihr Geburtsdatum ist der 30. Juni 1989.
● Gut, warte, ich schreibe: „geboren am 30.06.1989".
○ Eine wichtige Information ist, dass sie einen Skiunfall hatte. Ihr rechter Arm ist gebrochen. Und sie hat starke Schmerzen. Doktor Müller hat den Arm operiert. Sie bekommt Medikamente gegen die Schmerzen.
● Die Schmerzmittel sind eine Pflegemaßnahme. Richtig? Ich schreibe also unter „Pflegemaßnahme": „Medikamente gegen Schmerzen". So, oder?
○ Perfekt, „Medikamente gegen Schmerzen" sind die Pflegemaßnahmen. Und unsere Pflegeziele sind, dass Frau Chodroff keine Schmerzen mehr hat.
● Ich schreibe unter Pflegeziele also „schmerzfrei".
○ Sehr gut. Jetzt schau noch mal nach: Hast du alles?
● Ja. Auf Zimmer 92 liegt Ina Chodroff. Sie ist am 30. Juni 1989 geboren. Probleme der Patientin: Sie hatte einen Skiunfall. Der rechte Arm ist gebrochen. Sie hat Schmerzen. Unsere Pflegemaßnahmen sind: Medikamente gegen Schmerzen", denn unser Pflegeziel ist „schmerzfrei".
○ Genau. Und vergiss nicht, schreib bei „Probleme der Patientin": Sie hat Schmerzen.

16 **Aufgabe 2c**
● Paul, hast du den Dienstplan schon gelesen?
○ Ja – gut, dass du fragst, ich habe eine Bitte an dich.
● Was denn?
○ Würdest du mit mir den Donnerstag tauschen? Ich würde gerne die Frühschicht machen und du übernimmst meine Nachtschicht.
● Ach Mensch, Paul, da kann ich nicht. Am Donnerstag gehe ich abends zum Yoga und ich habe schon bezahlt.
○ Und am Freitag? Kannst du da die Nachtschicht machen?
● Nicht so gerne, aber lass mich mal nachdenken. Am Wochenende habe ich frei ... Dann doch, am Freitag könnte ich deine Nachtschicht machen.
○ Ach Jessica, das wäre super!
● Dann tauschen wir den Freitag. Aber ich habe auch eine Bitte. Am Montag hat meine Freundin Geburtstag. Ich würde gerne schon am Nachmittag zum Kaffeetrinken hingehen, habe aber die Spätschicht. Könntest du für mich die Spätschicht übernehmen?
○ Puh, na gut.
● Danke Paul, super!

17 **Aufgabe 3a und b**
□ Urban-Krankenhaus Hamm, Pforte, Müller am Apparat, was kann ich für Sie tun?
● Guten Tag, Margret Lösch hier. Mein Vater liegt bei Ihnen im Krankenhaus. Sie haben mich angerufen: Ich soll zurückrufen.
□ Aha, wie heißt Ihr Vater?
● Brunner.
□ Und wie ist der Vorname?
● Dieter.
□ Dieter Brunner, einen Moment bitte. Ihr Vater liegt auf Station 12. Stationsärztin ist Frau Dr. Mang. Soll ich Sie verbinden?
● Ja, danke. Ich möchte gerne mit der Stationsärztin sprechen.
□ Ich stelle Sie ins Stationszimmer durch. Bitte bleiben Sie am Apparat.
● Vielen Dank, ich bleibe dran. ...
□ ... Frau Lösch?
● Ja?
□ Das Stationstelefon ist besetzt. Ich kann Sie im Moment nicht durchstellen. Soll ich Ihnen die Durchwahl geben?
● Ja, gern, dann rufe ich gleich selber an.
□ Die Durchwahl ist die 43. Die ganze Nummer ist also 0879 für Hamm, 98743 für das Krankenhaus und 43 für die Station.
● Vielen Dank!
□ Gern geschehen. Auf Wiederhören. ...
○ Urban-Krankenhaus, Station 12, Schwester Anna am Apparat. Guten Tag, wie kann ich Ihnen helfen?
● Guten Tag, Margret Lösch. Kann ich bitte mit der Stationsärztin sprechen?
○ Guten Tag, Frau Lösch. Frau Dr. Mang ist nicht da. Wie kann ich Ihnen helfen?
● Das Krankenhaus hat mich angerufen: Mein Vater ist bei Ihnen. Er heißt Dieter Brunner. Wie geht es ihm?
○ Es geht ihm schon wieder gut. Sie können ihn auch schon besuchen, wenn Sie möchten.
● Ja, klar. Wann sind die Besuchszeiten?
○ Wir haben keine festen Besuchszeiten. Sie können ihn immer besuchen.
● Dann komme ich gleich nachmittags.
○ Frau Lösch, noch eine Frage. Nur um ganz sicher zu sein, dass wir Sie erreichen können: Können Sie uns bitte Ihre Telefonnummer geben?
● Ja, natürlich: 0154 3572 97 36.
○ Gut, Frau Lösch, dann bis später.

Aufgabe 4b

18 **Dialog 1**
○ Schwester Jessica, wir operieren Frau Thamm morgen.
● Ja, Herr Dr. Meyer.
○ Frau Thamm möchte vor der Operation baden. Baden Sie sie heute Vormittag. Und helfen Sie ihr beim Aus- und Anziehen.
● Ja.
○ Dann teilen Sie jetzt die Medikamente aus.
● Ja, Herr Dr. Meyer.

19 **Dialog 2**
● Sie wollten mich sprechen?
○ Schwester Jessica, guten Morgen. Ja, es gibt eine Dienstplanänderung.
● Oh je, doch hoffentlich nicht am Wochenende?
○ Doch, leider. Pfleger Paul ist krank und Sie müssen am Wochenende arbeiten.
● Ich wollte aber ...
○ Es tut mir leid, aber diesen Monat sind Sie für die Patienten zuständig, wenn jemand vom Personal krank ist.
● Ja, Sie haben recht, ich bin natürlich einverstanden.

20 **Dialog 3**
○ Dr. Müller, die Patientin auf Nummer 12 hat Schmerzen. Sprechen Sie mit ihr und geben Sie ihr ein Medikament gegen ihre Schmerzen.
● Ja, Dr. Schöneck.
○ Dr. Shah, Sie operieren morgen Frau Thamm.
● Ja.
○ Sprechen Sie mit ihr gleich über die Operation und erklären Sie ihr alles.
● Ja, Dr. Schöneck.

21 **Dialog 4**
● Nadja, könntest du bitte Frau Thamm zur Toilette bringen?
○ Ja, Schwester Jessica, mach ich. Könntest du mir sagen, wo der Rollstuhl ist?

● Der steht bei Frau Thamm im Zimmer. Und, Nadja, …
○ Ja, Schwester Jessica?
● Räum dann das Geschirr ab und mach die Betten!
○ O.k., mach ich.

Kapitel 4: Arbeit im Freien

22 **Aufgabe 1b**

○ Guten Tag, Herr Melzer. Wir freuen uns, dass Sie heute Zeit haben.
● Na klar, der Plan für den Garten vor Ihrem Haus ist fertig.
□ Guten Tag, Herr Melzer. Da sind wir gespannt! Kommen Sie doch mit auf die Terrasse, wir haben einen Kaffee gekocht. Vielleicht möchten Sie einen?
● Oh ja, sehr gerne. Danke.
□ Wir sind gespannt, wie Sie als echter Gartenprofi vom Garten- und Landschaftsbau unseren Garten neu geplant haben. Setzen Sie sich doch. Auch ein Stück Kuchen?

23 **Aufgabe 1c**

● Das ist der Plan für Ihren Garten vor dem Haus. Ihr Grundstück ist fünf Meter fünfzig breit und die Länge beträgt acht Meter fünfzig. Das ist nicht so groß, aber schauen Sie, was ich mir überlegt habe: Hier schlage ich zum Nachbargarten eine Mauer vor, 24 cm breit und zwei Meter zehn hoch.
□ Eine Mauer? Die Idee gefällt mir nicht so gut. Aus welchem Material?
● Ich dachte an Natursteine.
○ Mir gefällt die Idee.
□ Na ja, gut, warum nicht. Was ist das?
● Direkt vor der Mauer verlegen wir Platten in der Größe von 30 auf 30 Zentimetern. Sie wollten Platz für Ihre Pflanzen in Töpfen. Hier vor der Mauer ist es sehr sonnig, das ist ein guter Platz dafür.
□ Genau. Das ist eine gute Lösung. Die Platten sind 30 auf 30 Zentimeter?
● Ja, genau. 30 Zentimeter lang und 30 breit. Das sieht gut aus. Dann hier: die Rasenfläche. Den Rasen möchte ich lassen, wie er ist, wir säen nur neues Gras.
○ Da freut sich mein Mann, er mäht sehr gerne Rasen.
● Knapp 47 Quadratmeter sind nicht so groß, das kann man schaffen … Hier auf dem Rasen rechts pflanzen wir einen kleinen Kirschbaum.
○ Ja, das hört sich gut an. Und hier, was haben Sie sich für hier gedacht?
● Hier pflanzen wir Blumen an. Und zwischen Kirschbaum und Blumen kommt eine Hecke vor das große Fenster.
□ Vor dem Fenster? Das finde ich nicht so gut: Das Wohnzimmer wird dunkel.
● Nein, nein, die nimmt Ihnen kein Licht, die Hecke ist ja nicht hoch.
□ Ach so, dann ist es o.k. Und das ist unser Gartenteich?
● Genau, das ist der Gartenteich. Nicht groß, aber schön, wie Sie ihn wollten.
□ Wie groß wird der denn genau?
● Ein Meter sechzig lang, sechzig Zentimeter breit und dreißig Zentimeter tief. Und hier, rechts neben den Teich, pflanzen wir noch einen Strauch.
□ Das sieht alles sehr gut aus, gefällt mir!

24 **Aufgabe 2b**

● Ruven, du kannst dir ja schon mal rauslegen, was wir für diese Woche mitnehmen müssen.
○ O.k., Meister, was brauchen wir heute?
● Heute sind wir bei den Meyers auf dem Grundstück. Da brauchen wir die Heckenschere.
○ O.k. Die hier?
● Nein, das ist die falsche Schere, das ist die Rasenschere, die ist kürzer als die Heckenschere. Und das ist übrigens die Rosenschere, aber die brauchen wir heute auch nicht. Heute brauchen wir nur die Heckenschere. Hier, das ist sie.
○ O.k., danke, was noch?
● Was noch … den Schlauch, wir brauchen den Gartenschlauch für den Teich.
○ Und Hacke, Spaten, Rechen, Schaufel?
● Wir brauchen nur den Spaten: Wir graben heute den Gartenteich. Und zur Sicherheit nehmen wir auch die Baumschere mit.
○ Mhm, Rosenschere, Rasenschere, Heckenschere und jetzt noch eine Schere?
● Ja, genau – das ist die Baumschere: hier. Ruven, denk auch an den Rasenmäher, ja?
○ Den hab' ich schon im Transporter.
● Sehr gut. Ach, jetzt hab ich es vergessen, haben wir das Gärtnermesser?
○ Was für ein Messer? So eins?
● Nein, das ist ein normales Messer, wir brauchen das Gärtnermesser, das hier, pack das auch noch ein. So, aber jetzt haben wir wirklich alles.

25 **Aufgabe 3c und d**

● Ruven, lass uns die nächsten Tage und die Arbeiten besprechen. Wir sind die nächsten drei Tage bei Familie Meyer und machen da den Garten.
○ Ja, Garten umgraben, einen Gartenteich anlegen, Unkraut jäten, Rasen säen, eine Hecke pflanzen, einen kleinen Kirschbaum pflanzen.
● Ja, genau … Bevor wir alles genau planen, lass uns den Wetterbericht im Internet anschauen. Geh mal auf die Seite mit dem Gärtnerwetter.
○ Morgen regnet es und es ist neblig, da können wir nicht arbeiten.
● Zeig mal, morgen … der Nebel macht nichts. Aber stimmt, es regnet: Da kannst du den Rasen nicht mähen, weil das Gras nass ist und auf dem Boden liegt. Aber du kannst vormittags Unkraut jäten, und danach können wir die Sträucher für die Hecke pflanzen. Das kann man bei jedem Wetter.
○ Na gut, aber dann kann ich auch gleich den Garten umgraben.
● Nein, das geht nicht. Die Erde ist nass und fest, deshalb soll man sie nicht umgraben. Und Achtung, nachmittags hagelt es und abends gibt es einen Sturm, deshalb können wir nicht draußen arbeiten. Das ist zu gefährlich. Aber hier … am Donnerstag ist den ganzen Tag gutes Wetter. Ab mittags scheint die Sonne, es wird warm, fast 20 Grad: Da kannst du den Rasen mähen und umgraben. Und sonst auch alles, was noch offen ist.
○ O.k., also morgen jäten und die Hecke pflanzen, aber … morgen gibt es mittags ein Gewitter. Ist das ein Problem?
● Ja, ein Gewitter ist gefährlich, aus diesem Grund dürfen wir Gärtner nicht im Freien arbeiten. Wie wird das Wetter am Mittwoch?
○ Am Mittwoch regnet es mittags, aber nachmittags kommt auch mal die Sonne raus.
● Gut. … dann fangen wir am Mittwoch mit dem Teich an und pflanzen vormittags den Kirschbaum, denn dafür braucht man keine Sonne und auch kein gutes Wetter.

Kapitel 5: Arbeitssuche

26 **Aufgabe 1d**

● Was ist nochmal die Nummer von der Arbeitsagentur? Ah hier: 0800 4 5555 00.
□ Willkommen bei Ihrer Agentur für Arbeit. Wenn Sie Fragen rund um das Arbeitslosengeld II haben, auch unter dem Namen Hartz 4 bekannt, drücken Sie bitte die 2. Bei allen anderen Anliegen die 8.
● Arbeitslosengeld II? Nee. Also die 8.
○ Agentur für Arbeit, Reuter. Was kann ich für Sie tun?
● Guten Tag. Hier ist Rosina May. Bin ich da richtig, wenn ich Arbeit suche?
○ Ja, völlig richtig. Sie möchten sich arbeitsuchend melden?

● Ja.
○ Haben Sie noch Arbeit?
● Ja, ich habe eine befristete Stelle. Mein Arbeitgeber kann mich leider nicht weiter beschäftigen.
○ Sind Sie sozialversicherungspflichtig beschäftigt?
● Ja, ich bin in Vollzeit angestellt.
○ Wann endet denn Ihre Arbeit?
● Am 31. August.
○ Also in 3 Monaten. Gut, dass Sie jetzt schon anrufen.
● Das steht so im Internet.
○ Ja, das stimmt. Spätestens am ersten Tag ohne Arbeit müssen Sie sich persönlich bei Ihrer Agentur für Arbeit arbeitslos melden. Nur dann können Sie Arbeitslosengeld beantragen.
● Ich muss also direkt am ersten Tag von meiner Arbeitslosigkeit zur Arbeitsagentur gehen?
○ Genau. Am ersten Tag müssen Sie sich persönlich arbeitslos melden. Dann brauche ich noch Ihren Namen und Ihre Anschrift.
● Rosina May, Bachstraße 15 in 51063 ...

27 **Aufgabe 2b**

● Bin ich hier richtig? Ich habe einen Termin.
○ Frau May?
● Ja.
○ Guten Morgen, mein Name ist Berg.
● Guten Morgen.
○ Setzen Sie sich doch bitte. Sie haben schon online einen Antrag auf Arbeitslosengeld ausgefüllt.
● Ja, aber ich weiß nicht, ob ich das richtig gemacht habe.
○ Mhm, gehen Sie gleich nach unserem Gespräch in die Leistungsabteilung. Dort wird geklärt, wie viel Arbeitslosengeld Sie bekommen. Bitte füllen Sie auch den Fragebogen zum Migrationshintergrund aus. Gut. Wir erfassen hier erst einmal Ihr Bewerberprofil. Ihre persönlichen Daten haben Sie ja schon eingegeben. Jetzt schauen wir mal zusammen, was Sie so können. Sie haben zuletzt in einem Fitness-Center gearbeitet?
● Ja, als Aerobic-Trainerin. Ich habe an der Berufsfachschule Gymnastiklehrerin gelernt. Hier: mein Zeugnis.
○ Das ist sehr gut. Mit einer abgeschlossenen Ausbildung finden Sie sicher schnell wieder Arbeit. Erzählen Sie ein bisschen: Wo und als was würden Sie gerne arbeiten?
● Na ja, ich habe mal in einer Reha-Klinik mit älteren Menschen gearbeitet. Das hat mir nicht so gut gefallen. Deshalb bin ich im Fitnesscenter gelandet, wo eher jüngere Leute sind. Ich habe verschiedene Kurse angeboten – also Aerobic, Bodyshape, Zumba, Pilates ... Alles, was die Kunden so interessiert.
○ Dann notiere ich hier mal „Expertenkenntnisse“. Gehen wir mal zu Ihren Sprachkenntnissen. Wie ist es mit Englisch?
● Englisch habe ich in der Schule gehabt. Ich spreche aber sehr gut Italienisch, weil mein Freund aus Italien kommt.
○ Also: erweiterte Kenntnisse in Englisch und verhandlungssicher in Italienisch. Persönliche Stärken: Hier haben wir eine lange Liste, aus der Sie die fünf wichtigsten Stärken ankreuzen sollen. Sollen wir die mal durchgehen?
● Ja, das wäre gut.
○ Also erst mal „Problemlösefähigkeit“: Können Sie bei neuen Aufgaben schnell die Probleme erkennen?
● Ja, und ich finde auch schnell eine Lösung, zum Beispiel wenn jemand eine Übung beim Sport nicht machen kann.
○ Gut. „Entscheidungsfähigkeit“. Können Sie sich gut entscheiden?
● Geht so. Ich überlege oft hin und her.
○ O.k. Dann gehen wir mal weiter zu „Organisationsfähigkeit“. Können Sie gut planen und organisieren?
● Ja, auf alle Fälle. Das ist auch in meinem Beruf wichtig.
○ Und wie ist es mit „Belastbarkeit“? Können Sie gut mit Stress umgehen?
● Mit schwierigen Situationen bei der Arbeit? Na ja, wer mag die schon!
○ Das kreuzen wir also nicht an. Was ist mit „Motivation“ und „Zielstrebigkeit“?
● „Motivation“? Ja, ich glaube, dass ich sehr motiviert bin. Und „Zielstrebigkeit“: Bedeutet das, dass ich alles mache, um ein Ziel zu erreichen?
○ Ja genau, das bedeutet es.
● Nein, so bin ich nicht.
○ Dann: „Einfühlungsvermögen“.
● Wenn man mit Menschen arbeitet wie ich, braucht man das doch! Ja, ich habe auf alle Fälle Einfühlungsvermögen.
○ Und was ist mit Führungsfähigkeit?
● Ich hatte nie eine Führungsposition. Aber für die Zukunft kann ich mir das schon vorstellen. Ich würde später gerne ein Fitnesscenter leiten.
○ Aber Sie haben da noch keine Erfahrung. Dann kreuzen wir das mal nicht an. Was ist mit „Teamfähigkeit“?
● Ich mag Teams und arbeite super in einem Team.
○ Na toll! Jetzt noch „Flexibilität“.
● Ich bin doch Gymnastiklehrerin!
○ Das ist hier eher so gemeint, dass Sie nicht nervös werden, wenn mal etwas anders läuft, als Sie dachten.
● Es geht. Ich werde schon etwas nervös in neuen Situationen.
○ Und was ist mit „Lernbereitschaft“?
● Ich lerne schon gerne was Neues, aber ...
○ Ich versteh' schon. Letzter Punkt: „Zuverlässigkeit“.
● Ja, ich bin zuverlässig. Ich bin pünktlich und tue alles so, wie besprochen.
○ Na, dann haben wir schon sechs Stärken: Problemlösungsfähigkeit, Organisationsfähigkeit, Motivation, Einfühlungsfähigkeit, Teamfähigkeit und Zuverlässigkeit. Wir brauchen aber nur fünf. Welche soll ich streichen?
● Ach, lassen Sie doch Zuverlässigkeit weg. Wenn ich ehrlich bin: Ich bin nicht immer pünktlich, zum Beispiel wenn ...
○ Gut, dann haben wir das. Hier ist noch ein wichtiger Punkt: Mobilität. Sind Sie bereit zu reisen?
● Na ja, wenn ich irgendwo in einem Hotel einen Sommerkurs gebe oder auf einem Kreuzfahrtschiff – da würde ich schon reisen. Aber nicht die ganze Zeit.
○ O.k. Sagen wir mal: zeitweise vorhanden. Sie haben einen Führerschein?
● Ja. Ich habe ein Auto.
○ Gut, dann sind wir mit der Liste durch und können speichern. Für heute machen wir Schluss. Sie denken an den Fragebogen zum Migrationshintergrund?

28 **Aufgabe 3a**

● Mann, ich hab gar keine Lust ...
○ Ist es viel?
● Es geht. Ich hab auf der Internet-Seite der Arbeitsagentur schon einiges gemacht. Schau, hier habe ich eine Checkliste. Also: www.jobboerse.arbeitsagentur.de, mit oe. So: Zugangsdaten habe ich ja schon angelegt, jetzt muss ich mich anmelden unter „Meine Jobbörse. Anmelden.“ Gut. Meine persönlichen Daten habe ich auch schon vollständig. Meinen Lebenslauf hab ich eingestellt. Da gibt's nichts Neues. Meine Fähigkeiten: Da gucke ich doch nochmal ... Hey, nicht über meine Schulter gucken!
○ Warum denn nicht? Ist echt interessant! Ich finde, du solltest Einfühlungsvermögen und Teamfähigkeit ankreuzen.

● Man kann nur fünf Sachen ankreuzen. Die wichtigsten habe ich doch. Obwohl: Ich glaube, ich ändere noch Flexibilität in Lernbereitschaft. Lernbereitschaft ist immer gut für Arbeitgeber, oder?
○ Klar!

29 **Aufgabe 3b und c**

● Und jetzt geh ich auf meine Stellengesuche. Da habe ich noch nichts gemacht. Also: Ich suche Arbeit.
○ Was denn sonst?
● Ich könnte ja auch eine Ausbildung machen wollen.
○ Aber du hast ja schon eine.
● Genau. Also: Berufe/Tätigkeiten: hier schreibe ich „Fitnesstrainerin". Dann: „Nur Stellen mit folgenden Begriffen": Hm, Fitness, Gesundheit, was noch?
○ Musik, das magst du doch.
● Nicht schlecht! Jetzt kommt „Nur Stellen ohne folgende Begriffe" ... Ah, Senioren. Ich will mit jungen Leuten arbeiten. Ein Begriff reicht. Und jetzt noch die Postleitzahl: 51063; Ort ist Köln, Land ist ja klar ...; Region ist Nordrhein-Westfalen. Ganz wichtig: Umkreis. Was soll ich denn da schreiben?
○ 200 km ist schon weit. Das bedeutet ja 200 km hin und 200 km zurück!
● 50 km kann man schaffen. Die Bahnverbindungen von Köln sind gut. Also: 50 km. So, das speichere ich jetzt erst mal.
○ Genau. Lass uns was kochen!

Kapitel 6: Rechte und Pflichten

30 **Aufgabe 1b und c**

● Guten Tag, liebe Kolleginnen und Kollegen! Danke, dass Sie in so großer Zahl gekommen sind. Mein Name ist Maia Kern. Viele von Ihnen kennen mich bereits. Ich möchte heute über die Aufgaben des Betriebsrats, also meine Aufgaben, sprechen. Sie sollen wissen, wie ich Ihre Rechte gegenüber dem Arbeitgeber vertrete. Sie können immer Fragen stellen. Und am Ende gibt es auch eine Fragerunde. Also zum ersten Punkt „Arbeitszeit": Ich bestimme mit, wenn es um die Arbeitszeit geht.
○ Was heißt das genau?
● Das heißt: Ich achte darauf, dass das Arbeitszeitgesetz eingehalten wird. Ihr Vorgesetzter kann nicht einfach Arbeitsbeginn, Arbeitsende oder Pausenzeiten ändern, wie er will. Oder Sie Überstunden machen lassen. Der nächste Punkt ist „Arbeitsschutz": Manche Arbeitnehmer brauchen besonderen Schutz, z. B. schwangere Frauen oder ältere Kollegen. Darauf achte ich auch. Ich bestimme auch beim Lohn mit und kümmere mich darum, dass Sie richtig bezahlt werden.
■ Darüber möchte ich gerne mehr wissen.
● Gut: Ich bestimme über Monatslohn, Stundenlohn, Urlaubsgeld usw. mit. Der Arbeitgeber muss mich auch bei der Personalplanung anhören.
□ Frau Kern, können Sie ein Beispiel geben?
● Ja, natürlich, Herr Sultan. Erinnern Sie sich, dass ich bei Ihrem Vorstellungsgespräch dabei war?
□ Ja, sicher!
● Ich war da, weil der Arbeitgeber nicht einfach so Leute einstellen und entlassen kann. Der Arbeitsgeber muss mich informieren, wenn er jemanden einstellen will – und auch, wenn er kündigen will. Auch die Ordnung im Betrieb gehört zu meinen Aufgaben.
△ Was meinen Sie denn damit?
● Ein Beispiel: Ein Arbeitgeber will alle Taschen kontrollieren. Das geht aber nur, wenn er das mit mir besprochen hat. Genauso ist es z. B. mit einem Alkoholtest.
■ Frau Kern, können Sie bitte noch etwas zum Thema „Gleichstellung" sagen?
● Ja, gerne. Als Betriebsrätin kümmere ich mich darum, dass Männer und Frauen im Betrieb die gleichen Rechte haben. Genauso wichtig ist, dass Kollegen mit Migrationshintergrund nicht diskriminiert werden.
□ Frau Kern, es ist schon 18:45 Uhr. Könnten wir jetzt unsere Fragen stellen?
● Uh ja. Am besten stellen Sie jetzt Ihre persönlichen Fragen.

31 **Aufgabe 2b und c**

● Wenn Sie Ihre Frage lieber nicht hier stellen wollen, können Sie auch gerne zu mir ins Büro kommen. Bitte vereinbaren Sie aber vorher einen Termin. Und noch etwas: Sie können Ihre Fragen und Kommentare auch anonym abgeben. Dafür habe ich vor meinem Büro einen Briefkasten aufgehängt, einen Kummerkasten. Ja, bitte?
○ Ich habe eine Frage: Bin ich verpflichtet, auch in meiner Freizeit geschäftliche E-Mails zu beantworten?
● Nein, dazu sind Sie nicht verpflichtet. Sie sollen sich in Ihrer Freizeit erholen. Also: Wenn Sie freihaben, hat die Firma keinen Anspruch auf Ihre Arbeit. Gibt es noch eine Frage?
■ Frau Kern, kann die Firma mich zwingen, stundenlang am Bildschirm zu arbeiten? Meine Vorgesetzte sagt, ich mache zu viele Pausen. Aber ich sitze oft drei Stunden ohne Pause vor dem Bildschirm.
● Sie haben ein Recht auf Pausen von der Arbeit am Bildschirm: fünf bis zehn Minuten pro Stunde. Falls möglich erledigen Sie in dieser Zeit andere Arbeit.
□ Muss ich Arbeitshandschuhe tragen, wenn mein Vorgesetzter das will?
● Ja, unbedingt! Sie müssen das, denn er hat die Verantwortung für den Arbeitsschutz. Und er will nicht, dass Sie sich verletzen. Hat noch jemand eine Frage?
△ Ja, ich. Habe ich das Recht, mit meinen Freunden über neue Projekte im Betrieb zu sprechen?
● Da müssen Sie sehr vorsichtig sein. Sie dürfen nicht über Betriebsgeheimnisse sprechen. Das neue Projekt ist vielleicht sehr, sehr interessant für andere Firmen ... Jetzt noch zwei letzte Fragen.
▲ Darf der Arbeitgeber einer Frau kündigen, wenn sie schwanger ist?
● Eine Kündigung ist nicht erlaubt, wenn der Arbeitgeber von der Schwangerschaft weiß. Deshalb ist es gut, ihm rechtzeitig zu sagen, dass man schwanger ist.
▷ Ist es meine Pflicht, bei der Arbeit Deutsch zu sprechen?
● Das ist keine einfache Frage. Ja und Nein. Ja, wenn es um Arbeitsgespräche geht. Nein, wenn es um Privatgespräche geht. Also: Der Arbeitgeber darf verlangen, dass Sie z. B. mit Kunden Deutsch sprechen. Gut, jetzt haben wir leider keine Zeit mehr. Wenn Sie noch Fragen haben, kommen Sie bitte in mein Büro! Vielen Dank für Ihre Aufmerksamkeit und einen schönen Abend.

32 **Aufgabe 4a**

● Frau Kern?
○ Frau Gökmen. Kommen Sie herein. Bitte setzen Sie sich. Wasser?
● Ja, danke.
○ Was kann ich für Sie tun?
● Ich wollte darüber nicht vor allen Kollegen sprechen, aber – ich bin schwanger.
○ Das ist aber eine schöne Nachricht.
● Ich weiß jetzt nicht, was ich tun muss. Muss ich meinen Chef informieren? Ich habe gehört, dass es einen Mutterschutz gibt. Aber was ist das?
○ Das Mutterschutzgesetz: Das ist ein Gesetz zum Schutz von Schwangeren am Arbeitsplatz. Ganz allgemein dürfen Sie keine schweren körperlichen Arbeiten bekommen. Und Sie dürfen nicht unter Bedingungen arbeiten, die eine Gefahr für die Gesundheit sind.
● Das verstehe ich noch nicht.

○ Chemische Dämpfe, Hitze, Kälte, Nässe, Lärm: Das ist alles nicht gut für eine schwangere Frau. In welcher Abteilung arbeiten Sie? Und was machen Sie?

● Ich arbeite im Lager. Dort muss ich alles Mögliche machen, wie Sachen sortieren und umpacken. Und halt mal einen Karton auf eine Palette stellen …

○ Oh, das ist schwere körperliche Arbeit.

● Na, so schwer ist das doch nicht. So ein Paket ist nicht schwer, vielleicht 15 Kilogramm. Und bei den wirklich schweren Kartons helfen die anderen auch. Ich fühle mich da im Lager sehr wohl.

○ Sie dürfen nicht mehr als fünf Kilo heben! Und bestimmt müssen Sie die ganze Zeit stehen, oder?

● Ja, schon. Bedeutet das, dass ich nicht mehr im Lager arbeiten darf?

○ Weiß Ihr Vorgesetzter schon Bescheid?

● Nein, ich bin erst in der 12. Woche. Ich wollte zuerst mit Ihnen reden.

○ Sie können nur im Lager bleiben, wenn Ihr Chef Sie dort anders beschäftigt, z. B. im Büro. Aber wenn er gar nicht weiß, dass Sie schwanger sind, kann er nichts machen.

● Muss ich mit ihm sprechen?

○ Ja, unbedingt.

● Na, dann muss ich das mal tun. Sie haben im Vortrag gesagt, dass ein Arbeitgeber nicht kündigen darf, wenn eine Frau schwanger ist.

○ Das ist richtig. Er darf Ihnen nicht kündigen. Das gilt für die Zeit vom Beginn der Schwangerschaft bis vier Monate nach der Geburt.

● Er darf mir gar nicht kündigen?

○ Nein. Sollen wir zusammen mit ihm sprechen? Wichtig ist ja auch die Mutterschutzzeit. Sie dürfen sechs Wochen vor der Geburt und acht Wochen nach der Geburt nicht beschäftigt werden. Wann ist denn der Geburtstermin?

● So am 21. oder 22. September.

○ Das heißt, Sie bleiben ungefähr von Anfang August bis Anfang November zuhause.

● Heißt das, dass ich meinen Lohn bekomme, ohne zu arbeiten?

○ Ja, genau! In dieser Zeit bekommen Sie Ihr Geld, bleiben aber zuhause.

● Wann sollen wir denn mit meinem Vorgesetzten sprechen?

Kapitel 7: Handwerk

33 **Aufgabe 1c und d**

● Hallo, liebe Zuhörerinnen und Zuhörer. Willkommen bei unserer Sendung „Fit für den Beruf!". Heute stellen wir den Beruf Anlagenmechaniker beziehungsweise Anlagenmechanikerin vor. Ich spreche mit Herrn Bollm. Guten Tag, Herr Bollm.

○ Guten Tag. Ja, also, ich bin Anlagenmechaniker für Sanitär-, Heizungs- und Klimatechnik und möchte Ihnen heute meinen Beruf vorstellen.

● Was machen Sie genau, Herr Bollm?

○ Wichtige Tätigkeiten in meinem Beruf sind der Einbau von Waschbecken, Badewannen, Duschkabinen und Toiletten in Badezimmern und Küchen. Ganz wichtig in meinem Beruf ist: Ich sorge dafür, dass sauberes Trinkwasser aus der Wasserleitung kommt und dass schmutziges Wasser aus der Toilette, Badewanne oder der Dusche korrekt entsorgt wird.

● Wie ist es mit der Heizung?

○ Wir Anlagenmechaniker suchen mit Ihnen zusammen die richtige Heizung für Ihr Haus aus. Wir erklären Ihnen die Vorteile von Heizkörpern an der Wand oder einer Fußbodenheizung. Und wir bauen alles ein und kontrollieren natürlich am Ende, ob die Heizung richtig funktioniert.

● Was machen Sie noch?

○ Ja …, wir bauen auch umweltfreundliche Systeme …

● … zum Beispiel Solaranlagen?

○ Ja, genau, Solaranlagen. Die installieren wir auch.

● Gut. Das ist eine ganze Menge! Und was machen Sie bei der Arbeit genau?

○ Anlagenmechaniker arbeiten am meisten mit folgendem Material: mit Rohren aus Metall oder Kunststoff. Wir bearbeiten die Rohre mit Maschinen und von Hand, damit sie für die Heizung oder die Wasserleitung passen. Wir montieren sie. Und dann, nach der Montage, prüfen wir, ob alles 100 % dicht ist und zuverlässig funktioniert.

● Haben Sie viel Kontakt mit Kunden?

○ Ja! Eine wichtige Aufgabe in unserem Beruf ist auch die Beratung. Wir beraten Kunden vor dem Einbau eines neuen Gerätes oder einer neuen Heizung. Und nach einem Einbau erklären wir den Kunden, wie man sie bedient.

● Herr Bollm, was ist denn das besonders Interessante an Ihrem Beruf?

○ Ganz klar, besonders interessant an meinem Beruf ist: Kein Tag ist wie der andere! Der Beruf ist sehr abwechslungsreich. In diesem Beruf wird es einem nie langweilig.

● Aha! Wer ist für den Beruf geeignet?

○ Mhm … für den Beruf des Anlagenmechanikers ist man geeignet, wenn man gut mit Werkzeugen umgehen kann und handwerklich geschickt ist.

● Herr Bollm, herzlichen Dank für das Interview. Und nächste Woche, liebe Hörerinnen und Hörer, …

Kapitel 8: Existenzgründung

34 **Aufgabe 1b**

● Petra, guck mal! Ich hab hier im Internet einen Test gefunden: Sind Sie ein Unternehmertyp? Hast du Lust, den mal mit mir zu machen?

○ Ja, warum nicht? Augenblickchen. … Hm, das ist ja interessant. „Sind Sie körperlich fit?" Du bist total fit, finde ich.

● Lass uns von vorne anfangen! Da steht: „Haben Sie eine Berufsausbildung und/oder praktische Erfahrung in der Branche, in der Sie sich selbstständig machen wollen?" Da kann ich gleich ein „Ja" anklicken.

○ Ja, unbedingt. „Sind Sie gewohnt, Ziele zu verfolgen, ohne dass Ihnen jemand sagt, was Sie tun sollen?"

● Auch ein „Ja"?

○ Wenn du wirklich etwas willst, dann machst du das auch. Aber wenn du etwas nicht so wichtig findest, muss ich dich oft daran erinnern. Klick lieber „Es geht" an … Aber bei der nächsten Frage kommt auf alle Fälle ein „Ja".

● Stimmt. Schließlich gehe ich dreimal die Woche ins Fitnessstudio. Die nächste Frage geht an dich: „Haben Sie Familienangehörige, die Sie bei der Existenzgründung unterstützen können und wollen? Steht Ihr Partner / Ihre Partnerin hinter Ihnen?"

○ Natürlich unterstütze ich dich!

● Ja, das ist wirklich super! Aber die meinen vielleicht mit Geld.

○ Nein, da hinten kommt noch eine Frage zum Geld. Hier kannst du auf jeden Fall ein „Ja" anklicken. Hier die nächste Frage: „Sind Sie bereit, 60 und mehr Stunden in der Woche zu arbeiten, wenigstens am Anfang?"

● Für mich ist das kein Problem, aber nur, wenn du da auch mitmachst. Keine Angst, wir werden noch Zeit zum Tanzen haben! „Wollen Sie riskieren, über einige Zeit kein regelmäßiges Einkommen zu haben?" Ja, das riskiere ich. Das muss ich wohl riskieren, wenn ich selbstständig sein will. Also ein „Ja".

○ Dann: „Ein Leben als Unternehmer/in bringt viele Unsicherheiten mit sich.

Glauben Sie, dass Sie diese gut aushalten können?“ und „Halten Sie Stress-Situationen gut aus?“ Mhm, so super gut gehst du mit Unsicherheiten und Stress nicht um, finde ich.

● Ja, du hast recht. Ich muss lernen, auch bei Stress ruhig zu bleiben. Beide Fragen bekommen nur ein „Es geht“. Jetzt eine Frage, die ich mit „Nein“ beantworten muss. Ich habe keine Führungserfahrung. Ich war noch nie Vorgesetzter und habe nie die Arbeit von anderen organisiert und kontrolliert.

○ Das lernst du doch!

● Ja ... Und ich habe auch keine kaufmännische Ausbildung oder Erfahrung. Ich habe Erfahrung mit Hardware und Software, aber nicht mit Buchhaltung, Marketing oder Vertrieb oder so. Also, auch hier ein „Nein“.

○ Und jetzt das Geld: „Haben Sie genügend Startkapital, also Geld für die Anfangszeit?“ In anderen Worten: Kannst du die Anfangszeit finanzieren?

● Ich will ja noch Teilzeit weiter angestellt bleiben, aber ob dann das Geld reicht? Ich klicke mal „Es geht“ an.

○ Jetzt klick mal auf „Auswertung“! Ich bin gespannt auf das Ergebnis.

35 Aufgabe 2b und c

● Guten Morgen, bin ich hier richtig bei der Gründungsberatung?

○ Ja, völlig richtig! Kommen Sie doch bitte herein! Mein Name ist Geisler. Was kann ich für Sie tun?

● Morel, angenehm. Ich möchte mich selbstständig machen und habe schon ein bisschen im Internet recherchiert. Ich will mich aber erst einmal beraten lassen.

○ Dann sind Sie hier gerade richtig. Existenzgründung ist nicht so einfach, wie viele denken. Setzen Sie sich doch bitte.

● Danke. Also, ich habe eine ganz allgemeine Frage: Können sich nur Deutsche selbstständig machen, oder geht das auch, wenn man aus einem anderen Land kommt?

○ Das ist eine wichtige Frage. Staatsbürger aus einem Land der Europäischen Union können ohne Probleme in Deutschland ein Unternehmen gründen, genauso wie deutsche Staatsbürger. Aus welchem Land kommen Sie?

● Ich komme aus Syrien.

○ Dann ist es so: Sie brauchen eine besondere Aufenthaltserlaubnis, wenn Sie sich selbstständig machen wollen. Haben Sie dafür schon einen Antrag bei der Ausländerbehörde gestellt?

● Nein, aber ich bin mit einer Deutschen verheiratet und habe eine Niederlassungserlaubnis.

○ Ach, dann sieht es ja ganz anders aus! Mit einer Niederlassungserlaubnis können Sie sich jederzeit selbstständig machen.

● Ach so, da war ich mir nicht sicher.

○ Nun, was ist denn Ihre Geschäftsidee?

● Ich möchte einen Computer-Reparaturservice aufmachen.

○ Mh, haben Sie Unterstützung von Ihrer Familie?

● Ja, meine Frau hilft mir, aber sicher auch mein älterer Bruder.

○ Gut. Welche Qualifikation haben Sie? Welche Erfahrungen und Kenntnisse?

● Ich habe eine Ausbildung als IT-System-Elektroniker gemacht und bin bei einem Elektroinstallationsbetrieb angestellt. Da will ich auch halbtags weiterarbeiten.

○ Haben Sie sich schon überlegt, wer Ihre zukünftigen Kunden sind?

● Ich möchte Privatpersonen ansprechen, die Probleme mit ihrem PC haben: Es gibt viele, gerade auch ältere Leute.

○ Ja, da gibt es bestimmt viel Bedarf. Aber es gibt auch schon viele Leute, die sich in diesem Bereich selbstständig gemacht haben. Was unterscheidet Ihr Angebot von dem Angebot Ihrer Konkurrenz?

● Oh, keine Ahnung. Ich kenne die Konkurrenz noch nicht so gut.

○ Dann müssen Sie unbedingt den Markt erkunden und eine Marktlücke finden. Jetzt die allerwichtigste Frage: Die nach dem Geld. Haben Sie genügend Startkapital für Ihr Unternehmen? Brauchen Sie einen Kredit von der Bank?

● Ich arbeite erst einmal halbtags bei meiner Firma weiter. So bin ich finanziell abgesichert. Ich hab auch ein bisschen gespart, aber vielleicht brauche ich doch einen Kredit.

○ Ja, viele Gründer geben auf, weil ihnen das Geld irgendwann fehlt. Wann wollen Sie mit Ihrem Vorhaben starten?

● Nächstes Jahr im Januar möchte ich anfangen, wenn nichts dazwischenkommt.

○ Na, dann müssen Sie dafür sorgen, dass nichts dazwischenkommt. Sie erkunden erst einmal den Markt – und wir machen einen neuen Termin, bei dem wir über die Finanzierung sprechen. O.k.?

● Ja, gut.

○ Dann noch einen schönen Nachmittag, Herr Morel.

● Auf Wiedersehen, Frau Geisler.

Testtraining für telc Deutsch Beruf B1+

36 Hörverstehen, Teil 1

Meine Damen und Herren, willkommen zur Sendung „Hauptsache Arbeit“. Heute wollen wir uns Arbeitszeitmodelle ansehen und haben verschiedene Menschen nach ihrer Arbeitszeit gefragt.

Nummer 41
Christoph Weise, Altenpfleger

Überstunden sollen eigentlich Ausnahmen bleiben. Bei meinem alten Arbeitgeber waren sie aber ganz normal! Ich hatte irgendwann über hundert Überstunden, aber weil immer jemand krank oder im Urlaub war, konnte ich für meine Überstunden nicht freinehmen. Ich denke, die hatten einfach zu wenig Personal eingestellt, um zu sparen. Ich war so frustriert, dass ich mir eine neue Stelle gesucht habe. Meine neue Chefin achtet darauf, dass wir Mitarbeiter nicht zu viele Überstunden haben und Freizeit nehmen.

Nummer 42
Orhan Yildirim, Bäcker

Ich bin in meinen Beruf reingewachsen, weil meine Eltern eine Bäckerei hatten. Als Jugendlicher wollte ich diesen Beruf auf keinen Fall machen – jede Nacht um 12 zur Arbeit gehen, das war nichts für mich! Aber am Ende habe ich mich doch für diesen Beruf entschieden. Viele Leute sehen ja Nachtarbeit als Belastung, ich aber empfinde es als großen Vorteil. Wenn zum Beispiel richtig gutes Wetter ist, müssen andere im Büro sitzen, aber ich bin dann im Schwimmbad.

Nummer 43
Lilo Riegele, Chemielaborantin

Mein Betrieb ermöglicht flexible Arbeitszeiten. Ich arbeite Teilzeit, von morgens acht bis halb eins, das ist für mich ganz gut, weil meine Kinder schulpflichtig sind. Wir gehen zusammen aus dem Haus und bis die zwei nach Hause kommen, habe ich noch Zeit, ein warmes Essen zu kochen. Wenn die Kinder älter sind, will ich auf alle Fälle wieder Vollzeit arbeiten. In dieser Zeit bin ich einfach nur froh, dass ich eine Stelle in einem so familienfreundlichen Betrieb habe.

Nummer 44
Jürgen Krawitzke, Lokführer

Ich bin nun seit 32 Jahren Lokführer im Güterverkehr. Im Zugverkehr ist Sicherheit oberstes Gebot. Man muss hellwach sein, schnell und vor allem richtig reagieren.

Trotzdem sind die Arbeitszeiten oft länger als das Gesetz erlaubt. Außerdem arbeiten wir in Schicht und sind allein deshalb oft übermüdet. Mir ist es schon passiert, dass ich ganz kurz eingeschlafen bin, weil ich so müde war. Der Zug fuhr einfach weiter. Ich kann Ihnen sagen, ich freue mich auf meinen Ruhestand, wenn ich endlich mal wieder normal schlafen kann!

Nummer 45
Hanna Büttner, Unternehmerin
Ich kann sagen, dass ich beide Seiten kenne: angestellt und selbstständig arbeiten. Ich habe nach meinem Studium zwei Jahre in einem Unternehmen für Computerspiele gearbeitet – mit ganz normalen Arbeitszeiten. Ich fand das total langweilig und ich habe mich vor zwei Jahren selbstständig gemacht. Das ist schon was mit der Arbeitszeit, wenn man selbstständig ist – arbeiten, arbeiten, keine Pausen, weiter, weiter. Manchmal komme ich nachts nicht aus dem Büro und übernachte auf dem Sofa. Ich finde dieses Leben toll. Zumindest jetzt noch, solange ich keine Kinder habe.

37 **Hörverstehen, Teil 2**

● Wo bleibt der nur? Ich will ihm doch noch zeigen, wie er den Dienstplan im Computer anlegt, bevor ich gehe.
○ Hallo Frau Landa, bin wieder da!
● Wir haben gesagt, dass wir uns um halb eins treffen und jetzt ist es schon fast eins! Ich muss doch bald los!
○ Tut mir leid! Ich wollte nur kurz einen Döner holen und da ...
● Sie müssen das ein bisschen ernster nehmen, Herr Müller, wenn Sie meine Schwangerschaftsvertretung übernehmen.
○ Mach ich doch, mach ich doch, Frau Landa. Ich konnte nichts dafür.
● Na gut. Ich wollte Ihnen auf alle Fälle noch zeigen, wie Sie den Dienstplan pflegen. Wenn ich in den nächsten Monaten nicht da bin, müssen Sie wissen, wie das geht. Also, wir haben dieses Computerprogramm. Die Mitarbeiter sind schon alle eingegeben. Ebenso die Arbeitsbereiche.
○ Sind das Kasse, Obst und Gemüse, Süßwaren, Drogerieartikel usw.?
● Genau. Für alle Bereiche muss man den Bedarf eingeben. Das heißt, wir müssen festlegen, wie viele Mitarbeiter da arbeiten. Ich nehme mal den Bereich „Kasse" und gebe die Frühschicht und die Spätschicht ein. Da sagen wir mal, wir brauchen in der Frühschicht Montag bis Freitag von 8 bis 16 Uhr eine Person. Sehen Sie? Sie klicken das hier an und speichern.
○ Ja, das hab ich verstanden.
● Um 12 Uhr kommt eine weitere Person, die dann bis 20 Uhr bleibt. Wollen Sie mal die Spätschicht eingeben?
○ Ja, gerne. Montag bis Samstag von 12 bis 20 Uhr.
● Nein, nicht Samstag. Am Samstag haben wir einen anderen Bedarf, weil da so viel los ist. Das definieren wir extra. Nicht vergessen zu speichern.
○ Nein, das vergesse ich nicht. Legen wir jetzt den Samstag an oder ordnen wir die Mitarbeiter zu?
● Erst kümmern wir uns mal um den Samstag. Da brauchen wir von 12 bis 20 Uhr für die Kasse zwei Mitarbeiter, aber nur am Samstag. Das machen Sie gut.
○ Danke, es ist auch nicht so schwer.
● Und jetzt zeige ich Ihnen, wie Sie die Mitarbeiter für die Schichten und die Arbeitsbereiche einteilen.
○ O.k.
● Das ist jetzt wirklich nicht schwierig. Sie sehen hier die Liste der Mitarbeiter?
○ Und Mitarbeiterinnen.
● Ja, natürlich. Die Mitarbeiter – und Mitarbeiterinnen – sind schon alle hier in der Liste. Sie klicken jetzt einfach auf die Person – ich nehme Sie mal. Ich klicke auf Peter Müller und dann auf den Arbeitsbereich, in dem Sie arbeiten sollen. Also zum Beispiel „Kasse am Mittwoch und Donnerstag". Ist das einigermaßen klar?
○ Ja, alles klar.
● Hier gibt es auch ein Handbuch, in dem Sie das alles nochmal nachlesen können. Da steht auch die Nummer von der Hotline für Notfälle.
○ Gut, aber hoffentlich brauche ich sie nicht. Ich habe noch eine Frage: Was mach ich denn, wenn eine Mitarbeiterin neu kommt und nicht in der Liste steht?
● Dann müssen Sie diese Person anlegen. Das geht so ... Uh, schon so spät. Ich muss unbedingt los. Das zeig ich Ihnen morgen. Ich bin ja noch zwei Wochen da.
○ Wenn das Baby nicht zu früh kommt.
● Hoffentlich nicht! Hab' ich alles? Also bis morgen, Herr Müller.
○ Bis morgen, Frau Landa. Tschüs!

38 **Hörverstehen, Teil 3**

Nummer 56
Sie rufen Ihren Lieferanten an. Sie haben Fragen zu einer Rechnung.
Hallo und guten Tag! Hier ist der Anschluss der Firma Goldschmitt GmbH. Aufgrund des heutigen Feiertags sind wir leider nicht persönlich für Sie erreichbar. Am nächsten Werktag sind wir gerne wieder für Sie da. Unsere Geschäftszeiten sind Montag bis Donnerstag von 9:00 bis 17:00 Uhr. Bitte hinterlassen Sie für einen Rückruf nach dem Signalton Ihren Namen und Ihre Rufnummer.

Nummer 57
Sie möchten sich arbeitssuchend melden und rufen bei Ihrer örtlichen Agentur für Arbeit an.
Willkommen bei Ihrer Agentur für Arbeit. Wir bringen Sie in Ausbildung und Arbeit. Wenn Sie Fragen zum Arbeitslosengeld II haben, auch unter Hartz 4 bekannt, drücken Sie bitte die 1. Sie werden weitergeleitet. Für alle anderen Anliegen drücken Sie die 9.

Nummer 58
Sie arbeiten in der Werkstatt einer Firma und hören die folgende Durchsage.
Achtung, Achtung. Es folgt eine wichtige Durchsage. Bitte räumen Sie sofort das Gebäude. Helfen Sie Behinderten. Beachten Sie die Anweisungen des zuständigen Personals. Begeben Sie sich zügig ins Freie.

Nummer 59
Sie hören morgens Ihren Anrufbeantworter in der Firma ab.
Hallo Frau Prasad, Buntenuth hier. Ich bin krank und bleibe heute zu Hause. Können Sie bitte etwas für mich übernehmen? Um 10:00 Uhr kommt unser IT-Experte, Herr Wittlich. Er soll auf den PC im Büro von Maier das neue Betriebssystem installieren und den PC im Büro von Hasan ans interne Netz anschließen. Ich danke Ihnen!

Nummer 60
Sie hören im Radio eine Ratgebersendung zum Thema Bewerbung.
Ja, auf ein Vorstellungsgespräch kann und sollte man sich vorbereiten. Ein wichtiger Punkt ist, dass sich der Bewerber gut über die Firma, in der er arbeiten möchte, informiert hat, also über die Größe des Unternehmens, über die Produkte und/oder Dienstleistungen, über aktuelle Themen des Unternehmens und natürlich auch, ob das Unternehmen international tätig ist.

Lösungen

Abkürzungen:

WS: Wortschatz
LVW: leicht verwechselbare Wörter
RM: Redemittel
BS: Berufssprache
SCH: Schreiben
LE: Lesen
STR: Strukturen
WB: Wortbildung

Kapitel 1

1b 1. b, 2. a

1c 1: Ansage 3, 2: Ansage 4, 3: Ansage 2, 4: Ansage 1

1d 1. –, 2. +, 3. +, 4. –

1e 1. Anrufer/in: Frau Götting
FA. Leismann
bittet um: Besuch
Kommentar: Geschäftsführer steckt im Aufzug fest, zwischen dem 11. und 12. Stock, Notfall
2. Anrufer/in: Herr Meisner
Sophie-Scholl-Schule
bittet um: Rückruf
Kommentar: Winterdienst funktioniert nicht
4. Anrufer/in: Frau Schumann
Mühlstraße 24, 3. Stock
Telefon-Nr. 0163 555…
bittet um: Besuch
Kommentar: Wasser kommt von oben in die Wohnung, dunkler Fleck an der Wand

WS 1. b, 3. d, 4. c

LVW 1. angerufen, 2. telefoniert

RM 2. a, 3. c, 4. f, 5. g, 6. b, 7. d

BS 2. der Rauchmelder, 3. der/die Anrufer/in, 4. der Anrufbeantworter, 5. der/die Besucher/in, 6. der/die Krankenpfleger/in

SCH 1. Frau Götting von der Firma Leismann hat angerufen. Der Geschäftsführer steckt im Aufzug fest. Sie möchte, dass sofort jemand kommt. 2. Herr Meisner von der Sophie-Scholl-Schule hat angerufen. Der Winterdienst wird nicht richtig gemacht. Er bittet um Rückruf.
3. Frau Schumann hat angerufen. Es kommt Wasser von oben in die Wohnung. Sie möchte, dass jemand kommt, Mühlstraße 24.

2a 1. Nicole soll zu Yilmaz und Block fahren und nach dem Rauchmelder schauen. 2. Holger Haak muss sich um den Aufzug kümmern. 3. Der Rauchmelder ist in der Buchhaltung defekt. 4. Nicole bekommt die Information am Empfang.

2b 1. R, 2. F, 3. R, 4. R, 5. R, 6. F

2c Das Gespräch findet am Empfang statt. Dieser befindet sich im Erdgeschoss vom Hauptgebäude.

WS 2. im Schulungsraum, 3. in der Buchhaltung, 4. in der Geschäftsführung, 5. in der Marketingabteilung

STR 2. ins Hauptgebäude, im Hauptgebäude, 3. in den Schulungsraum, im Schulungsraum, 4. in die Buchhaltung, in der Buchhaltung, 5. in den Fachmarkt, im Fachmarkt

RM 2. Wo finde ich Frau Hanna? 3. Wie komme ich zur Kantine? 4. Können Sie mir sagen, wo Zimmer 104 ist? 5. Wo genau muss ich hin?

BS 2. Whg. 3. l. 4. r. 5. OG 6. P

3b 2. in Privathaushalten, 3. die Akten, 4. verschmutzt, 5. das Gerät, 6. ins Wartungsheft

3c Inspektion und Wartung: Funktionstest ausgeführt, Gerät ausgetauscht, Verschmutzung stark
Lage Rauchmelder: Büro, Fläche: 20 m², Höhe: 3,50 m

3d Der Rauchmelder ist in der Mitte vor den Regalen, links wenn man reinkommt.

3e 2. Sie hat die Heizung an der rechten Wand repariert. 3. Sie hat die Fliese im Bad neben dem Fenster links erneuert. 4. Sie hat die Batterie in der Sprechanlage ausgewechselt. 5. Sie hat das Wasser an der linken Seite vom Haus abgestellt.

WS (2) Lautstärke, (3) verschmutzt, (4) Batterie, (5) Funktionstest

LVW 1. viel, 2. viel, 3. sehr, 4. sehr, 5. viel, 6. sehr

BS 2. die Reinigung, 3. die Ausbildung, 4. die Erklärung, 5. die Geschäftsführung, 6. die Wegbeschreibung, 7. die Lohnabrechnung, 8. die Terminvereinbarung

SCH Hallo Nicole,
bist du noch nicht fertig mit dem Rauchmelder?
Was machst du denn so lange? Ich brauche dich hier.
Sag Bescheid, wann du wieder da bist.
Gruß
Holger

Hallo Holger,
ich habe den Rauchmelder ausgewechselt, aber ich bin hier trotzdem noch nicht fertig: Die Heizung im Büro von der Chefin funktioniert auch nicht richtig. Ich prüfe sie gerade und bin um 14:30 wieder da.
Gruß
Nicole

4a 1. R, 2. b

4d 2. Kunde/Kundin (K), 3. Hausmeister/in (H), 4. K, 5. H, 6. H, 7. K, 8. H, 9. K, 10. H, 11. H, 12. H

WS 2. e, 3. a, 4. b, 5. c

BS 2. problemlos, 3. arbeitslos, 4. kostenlos, 5. sinnlos, 6. wortlos

LE 2. Ich bin mit Ihrem Winterdienst nicht zufrieden.
3. Gestern fand in der Schule ein Fest statt.
4. Ich musste noch einiges vorbereiten.

SCH Beispiellösung:
Sehr geehrte/r Herr/Frau …,
ich muss mich leider beschweren. Ich bin nicht zufrieden mit Ihrer Arbeit. Sie haben letzte Woche die Heizung bei mir repariert, aber es ist immer noch zu kalt in meiner Wohnung. Es geht nicht, dass die Heizung trotz Ihrer Reparatur nicht funktioniert. Ich möchte, dass Sie meine Heizung so schnell wie möglich reparieren. Ich bin morgen zwischen 13 und 18 Uhr Zuhause.
Mit freundlichen Grüßen
…

Kapitel 2

1a A: 2, B: 4, C: 1, D: 6, E: 5, F: 8, G: 3, H: 7

1b 1. drei Monate vorher
2. am Tag vorher, in der Kühlkammer

3. am Nachmittag vorher, in der Küche
4. ab 8:00 Uhr, in der Küche, große Bratpfanne
5. ab 7:00 Uhr, an den Arbeitsplätzen
6. um 10:30 Uhr, am Grill, mit dem Thermometer

WS a 2. Lieferanten, 3. Kühlkammer, 4. Thermometer, 5. Essensausgabe

BS 2. des Speiseplans, 3. der Vorbereitung, 4. des Gemüses, 5. der Temperatur, 6. des Geschirrs

2a Die Kundin verträgt keine Laktose.

2d 2. 1, 3. 2, 3, 6, S, R, 4. 2, S, R, 5. 4, 7

2e 2. 4. 7.

WS a (2) Erdnüsse, (3) Milchzucker, (4) tierischen Produkte, (5) Kennzeichnung

WS b 2. kein Getreide, 3. keine tierischen Produkte, 4. keine Süßigkeiten, 5. keine toten Tiere

BS 2. salzarm, 3. fleischfrei, 4. alkoholfrei, 5. fettarm, 6. laktosefrei

SCH Allergie-Information
Liebe Gäste,
vertragen Sie manche Lebensmittel nicht? Haben Sie eine Allergie? Dann lesen Sie bitte die Liste „Kennzeichnung von Lebensmitteln". Die Liste hängt neben der Kasse an der Wand. Wenn Sie noch Fragen haben, fragen Sie bitte unser Personal!
Ihr Küchenteam

3a 1. b, 2. a

3b 1. +, 2. +, 3. +, 4. -, 5. +, 6. +, 7. -, 8. -, 9. +, 10. +

3c Über Problem sprechen: Ich hab´ da ein Problem. Was mir nicht gefällt ist, dass ..., Da gibt es etwas, was mich sehr stört. Wir müssen mal über etwas reden.
sich nicht schuldig fühlen: Damit habe ich nichts zu tun. Das ist nicht meine Schuld. Das war ich nicht.
Streit beenden: Das bringt doch nichts! Lass es gut sein! Er/Sie hat es nicht so gemeint.

WS 2. Schuld, 3. schuldig, 4. schlichten, 5. einigen

LVW 2. weiß, 3. kennt, 4. Wissen, 5. kennt

BS 2. b, 3. e, 4. a, 5. d

SCH Hallo Thomas,
ich möchte mich für mein Verhalten gestern entschuldigen. Ich war an dem Tag einfach sehr gestresst, und deshalb war mein Ton nicht richtig. Es kommt nicht wieder vor.
Viele Grüße
Lina
Hallo Lina,
schon in Ordnung. Ich war auch nicht gerade freundlich. Wir vergessen das einfach, ja? Wir haben mit der Hygieneschulung ja eine gute Lösung gefunden.
Schöne Grüße
Thomas

4b 1. Die Hygieneschulung findet am 24.05. um 16:00 Uhr statt. 2. Alle Mitarbeiter des Küchenteams sollen an der Schulung teilnehmen. 3. Alle Unternehmen, die Lebensmittel herstellen oder behandeln, müssen ihre Mitarbeiter in Hygiene schulen. 4. Die Küchenleiterin möchte, dass sich die Mitarbeiter schon einmal überlegen, wo Gefahren für die Hygiene sind und dass sie die Information lesen.

4d 1. A, 2. C, 3. B

WS a (2) Bakterien, (3) abdecken, (4) kühlen, (5) Erkrankung, (6) Wunde

BS 2. Vor der Arbeit sind Schmuck und Uhren abzulegen. 3. Hände sind regelmäßig zu reinigen und zu desinfizieren. 4. Die Haare sind immer zu bedecken. 5. Kleine Wunden sind mit Pflastern abzudecken. 6. Eine Erkrankung ist sofort zu melden.

SCH Beispiellösung:
Sehr geehrte Damen und Herren,
ich habe Ihre Anzeige in einer Fachzeitschrift gesehen und möchte mit zwei Kolleginnen an Ihrem Seminar Professionelle Reinigung in der Gastronomie teilnehmen. Ich habe noch einige Fragen an Sie. Wann und wo findet das Seminar statt und wie viel kostet es? Wie viele Personen können teilnehmen und gibt es eine Teilnahmebestätigung?
Mit freundlichen Grüßen
...

Kapitel 3

1b 2., 3.

1c 1. Probleme des Patienten / der Patientin, 2. Pflegeziele, 3. Pflegemaßnahmen

1d (1) geb. 30.06.1989, (2) Sie hat (starke) Schmerzen, (3) schmerzfrei, (4) Medikamente gegen Schmerzen

1e 2., 3., 7.

WS 2. Pflegeziel, 3. röntgen, 4. Pflegeplan, 5. schmerzfrei

STR 2. Ein Patient hat Schmerzen, deshalb/deswegen verschreibt der Arzt ihm Medikamente. 3. Eine Person hat sich den Arm gebrochen, deshalb/deswegen behandelt ihn der Arzt. 4. Die Schicht wechselt, deshalb/deswegen muss das Pflegepersonal die Übergabe machen. 5. Ein Patient braucht einen Rollstuhl, deshalb/deswegen muss man ihm den Rollstuhl erklären.

BS 2. beim Anziehen helfen, 3. Medikamente austeilen, 4. Kollegin helfen, 5. Verband kontrollieren, 6. Rollstuhl erklären

SCH (2) braucht Rollstuhl, (3) starke Schmerzen, (4) schmerzfrei, (5) Medikamente gegen Schmerzen, (6) beim Waschen helfen, (7) Rollstuhl erklären

2b 1. Pfleger Paul hat am Samstag und am Sonntag Urlaub. 2. Jessica arbeitet von Mittwoch bis Freitag in der Frühschicht. 3. Jessica hat am Wochenende frei. 4. Jessica arbeitet am Montag und am Dienstag in der Spätschicht.

2c 1. R, 2. F, 3. F, 4. F

2d 2. A, 3. A, 4. E, 5. B, 6. A, 7. D, 8. A, 9. C

WS 2. Spätschicht, 3. Nachtschicht, 4. Werktage, 5. Wochenenddienst

BS 2. Könnten Sie die Spätschicht machen? 3. Würden Sie die Frühschicht übernehmen? 4. Könnte ich am Samstag freibekommen? 5. Könnte ich vom 04.07. bis 21.07. Urlaub nehmen?

RM (2) Würdest du die Schicht mit mir tauschen? (3) Das kann ich machen. (4) Ich habe auch eine Bitte an dich. (5) Könntest du meine Nachtschicht übernehmen? (6) Ich sage dir morgen Bescheid.

SCH Beispiellösung:
Liebe Betty,
ich habe ein Problem. Ich habe am Samstag und Sonntag Frühschicht. Allerdings hat mein Vater am Sonntag Geburtstag und deshalb würde ich am Sonntag gerne frei

haben. Ich habe gesehen, dass du Samstag und Sonntag frei hast. Könntest du meine Schicht am Sonntag übernehmen?
Liebe Grüße
...

3a 1. R, 2. R, 3. R, 4. F, 5. F

3b (2) a, (3) b, (4) a, (5) b, (6) a

WS 2. zurückrufen, 3. Durchwahl, 4. verbinden, 5. bleibe, 6. stelle ... durch

BS 2. b, 3. e, 4. a, 5. c
1. Guten Morgen. Hausmeisterbetrieb Müller, Büro Müller, Berger am Apparat. Was kann ich für Sie tun?
2. Guten Tag. Firma Yildirim, Empfang, Helena Klar am Apparat. Mit wem möchten Sie sprechen?

RM

● Urban-Krankenhaus, Pforte, Müller am Apparat. Was kann ich für Sie tun?	○ Lösch hier. Mein Vater liegt bei Ihnen.
● Wie heißt Ihr Vater?	○ Dieter Brunner.
● Wie schreibt man das?	○ Mit B und Doppel-N.
● Soll ich Sie durchstellen?	○ Ja, verbinden Sie mich bitte.
● Ich verbinde Sie mit dem Stationszimmer. Bleiben Sie am Apparat.	○ Ja, ich bleibe dran.
● Hören Sie? Das Stationstelefon ist besetzt. Soll ich Ihnen die Durchwahl geben? Die ist 564.	○ Danke, dann rufe ich gleich selber an.
● Unter welcher Nummer sind Sie telefonisch zu erreichen?	○ 0154 3572 97.
● Ich wiederhole: 0154 3572 97.	○ Ja, das ist korrekt.
● Auf Wiederhören.	○ Tschüs.

SCH Beispiellösung:
Lieber Herr Brunner,
wie geht es Ihnen? Ich möchte Sie im Krankenhaus besuchen. Wann würde es Ihnen passen und wann sind die Besuchszeiten? Soll ich Ihnen etwas mitbringen?
Gute Besserung und liebe Grüße
...

4b A: Sie, B: Sie, C: Sie, D: du

4c 2. d, 3. b, 4. c, 5. a

4d Ärztliches Personal: 1. Oberarzt/Oberärztin, 2. Assistenzarzt/Assistenzärztin; Pflegepersonal: 1. Pflegedienstleiter/in, 2. Gesundheits- und Krankenpfleger/in, 3. Krankenpflegehelfer/in

WS 2. b, 3. c, 4. c, 5. a

STR 2. Der Krankenpfleger verschreibt keine Medikamente, sondern teilt sie aus und verbindet Arme. 3. Die Pflegedienstleitung badet nicht die Füße der Patienten, sondern schreibt Dienstpläne und organisiert. 4. Der Assistenzarzt bringt Patienten nicht das Frühstück, sondern behandelt und untersucht sie. Die Schwesternhelferin untersucht keine Patienten, sondern hilft ihnen zur Toilette und bringt ihnen das Essen.

BS a Beispiellösung:
1. Pflegedienst: Pflegekräfte, leiter: Chef, in: weiblich: Eine Pflegedienstleiterin ist die Chefin der Pflegekräfte.
2. Kranke: Menschen, die krank sind, n: -n-, pflege: jdn pflegen, sich um jdn kümmern, helfer: der Helfer: Ein Krankenpflegehelfer hilft den Krankenpflegern bei der Arbeit. Pflege: jdn pflegen, personal: das Personal, die Beschäftigten: Das Pflegepersonal pflegt die Menschen, die krank sind. 4. Chef: der Chef, ärzt: der Arzt, in: weiblich: Die Chefärztin ist die Chefin der Ärzte z. B. in einem Krankenhaus.

WS Mögliche Antworten: 1. Der Oberarzt ist der Vorgesetzte von der Stationsärztin. 2. Die Stationsärztin ist die Vorgesetzte vom Gesundheits- und Krankpfleger. 3. Der Gesundheits- und Krankenpfleger ist der Vorgesetzte von der Pflegehelferin. 4. Der Physiotherapeut ist der Kollege von der Gesundheits- und Krankenpflegerin.

LE 1. F, 2. R, 3. R, 4. F

Kapitel 4

1a 2

1b 1. b, 2. a

1c 1. R, 2. F, 3. R, 4. F, 5. R, 6. R

1e 1. Das Grundstück ist 5,50 m mal 8,50 m groß, ca. 47 Quadratmeter. 2. Die Mauer soll 24 cm breit und 2,10 m hoch sein. 3. Die Platten sind 30 cm lang und 30 cm breit und liegen direkt vor der Mauer.
4. Der Strauch soll rechts neben dem Teich stehen.

WS a 2. säen, 3. graben, 4. mauern, 5. verlegen, 6. mähen

WS b 3. fünfzig Zentimeter, 4. 4 m², 5. zwölf Zentimeter, 12 cm, 6. 20 m

BS 2. groß, vergrößern, 3. klein, verkleinern, 4. kurz, verkürzen

LE Maße Wand: Breite: 37,5 cm
Maße Tür: Höhe: 2,20 m, Breite: 1,15 m, Tiefe: 37,5 cm
Maße Fenster: Höhe: 1,20 m, Tiefe: 37,5 cm

2a B: der Rechen, C: der Schlauch, D: das Gärtnermesser, E: die Schubkarre, F: die Rasenschere, G: die Heckenschere, H: die Baumsäge, I: die Hacke, J: die Baumschere, K: der Laubbläser, L: der Spaten

2b 1. b, 2. b, 3. a, 4. a, 5. b

WS a 1. Schlauch, 2. Laubbläser, 3. Rasenschere, 4. Schubkarre, 5. Rasenmäher, 6. Baumsäge, 7. Gärtnermesser
Lösungswort: Gartenplan

WS b 2. c, 3. f, 4. b, 5. d, 6. a

BS 1. der Tennisschuh, 2. die Salatgabel, die Fleischgabel, die Kuchengabel, 3. die Kreissäge, die Stichsäge, die Baumsäge, 4. die Rohrzange, die Kabelzange, die Isolierzange

LE Bauernhof = der Hof, wo Bauern arbeiten und wohnen, Auftraggeberin = die Person, die den Auftrag gibt, Apfelbäume = Bäume mit Äpfeln, Gartenarbeiten = Arbeit im Garten, Gartenplan = der Plan von einem Garten, Baumschere = die Schere zum Bäume schneiden, Gießkanne = Kanne zum Gießen, Mülltüten = Tüten für den Müll, Blumensamen = Samen von Blumen, Gartenerde = Erde für den Garten, Gummistiefel = Stiefel aus Gummi, Frühstückspause = Pause zum Frühstücken, Apfelkuchen = Kuchen mit Äpfeln, Mittagspause = Pause am Mittag, Käsebrötchen = Brötchen mit Käse, Kartoffelfeld = Feld, wo es Kartoffeln gibt

3c B und E

3d 1. R, 2. R, 3. R, 4. R, 5. R

WS 1. G, 2. C, 3. F, 4. D, 5. B, 6. E, 7. I, 9. H

BS 2. abnehmen, 3. abschneiden, 4. aufbauen, 5. abbauen, 6. abgeben

STR a 2. Diese Woche arbeite ich nicht im Garten, weil es schneit und kalt ist. Diese Woche arbeite ich nicht im Garten, denn es schneit und es ist kalt. 3. Übermorgen pflanzen wir Blumen, weil die Sonne den ganzen Tag scheint. Übermorgen pflanzen wir Blumen, denn die Sonne scheint den ganzen Tag. 4. Ruven jätet heute Unkraut, weil das Wetter gut ist. Ruven jätet heute Unkraut, denn das Wetter ist gut. 5. Wir können nachmittags den Rasen bei Familie Meyer nicht säen, weil es ein Gewitter gibt. Wir können nachmittags den Rasen bei Familie Meyer nicht säen, denn es gibt ein Gewitter.

STR b 2. Es schneit und ist kalt, deshalb arbeite ich diese Woche nicht im Garten. 3. Die Sonne scheint den ganzen Tag, deshalb pflanzen wir übermorgen Blumen. 4. Das Wetter ist gut, deshalb jätet Ruven heute Unkraut. 5. Es gibt ein Gewitter, deshalb können wir nachmittags nicht den Rasen bei Familie Meyer säen.

SCH Beispiellösung: Liebe Familie Mayer,
ich möchte Sie über die Arbeiten morgen in Ihrem Garten informieren: Am Morgen mähen wir den Rasen, denn es regnet nicht. Von 13:30 – 15:00 pflanzen wir den Kirschbaum. Es wird zwar regnen, aber Regen ist kein Problem. Am Nachmittag können wir den Boden leider nicht umgraben, weil es gewittert.
Liebe Grüße
Torsten Melzer

4c 4, 6, 3, 1, 8, 2, 7

4d 2. a, 3. e, 4. g, 5. d, 6. b

WS 2. Startergriff, 3. Grasfangsack, 4. Höheneinstellschalter, 5. Geschwindigkeitseinstellhalter

WB Höhe: –, Einstellung: einstellen, Schalter: schalten
Tank: tanken, Deckel: deckeln
Benzin: –, Tank: tanken

STR 2. der Sack, um Gras aufzufangen, 3. der Schalter, um die Höhe einzustellen, 4. der Schalter, um die Geschwindigkeit einzustellen, 5. der Griff, um die Bremsen zu kontrollieren

BS 2. Benzin tanken, 3. Man kontrolliert das Öl. 4. Startergriff drücken, 5. Motor starten, 6. Man hält die Griffe mit beiden Händen gleichzeitig fest. 7. Bremsgriff loslassen

SCH Beispiellösung: Lieber Ruven,
wenn du mit Rasenmähen fertig bist, kontrolliere bitte den Rasenmäher und leer den Grasauffangsack. Das Gras packst du bitte in Mülltüten und stellst es auf die Straße. Den Rasenmäher kannst du dann ins Auto laden.
Liebe Grüße
Torsten

Kapitel 5

1a Rosina May muss sich eine neue Arbeit suchen.

1b A

1c 1. b, 2. a, 3. a, 4. b

1d richtig: 2. arbeitsuchend, 3. befristete, 4. sozialversicherungspflichtig, 5. ersten

LVW soll, musst, sollst, soll, soll, sollst, musst

BS 2. unbekannt, 3. unmöglich, 4. unerfahren, 5. unpünktlich, 6. unqualifiziert

SCH Beispiellösung: Hallo Leute,
wie ihr wisst, suche ich eine neue Arbeit als Fitnesscoach. Ich kann sofort anfangen. Bitte meldet euch, wenn ihr von einer freien Stelle wisst.
Liebe Grüße und vielen Dank
...

2a 1. Frau May wird in die Agentur für Arbeit eingeladen. 2. Sie soll am 13.09. um 9:15 Uhr dort sein. 3. Sie soll in Raum 2.32 gehen. 4. Sie soll entweder ihren Personalausweis oder Reisepass mitbringen.

2b 2. +, 3. -, 4. +, 5. +, 6. -, 7. +, 8. -

2c 2. e, 3. l, 4. a, 5. c, 6. j, 7. d, 8. k, 9. h, 10. f, 11. i, 12. b

WS 2. Experte / eine Expertin, 3. Fähigkeiten, 4. Migrationshintergrund, 5. Aussiedler / eine Aussiedlerin

BS 2. finden, 3. leiten, 4. beherrschen, 5. treffen, 6. umgehen, 7. erreichen

3a erledigt: meine persönlichen Daten vervollständigen, meinen Lebenslauf einstellen

3b Berufe/Tätigkeiten: Fitnesstrainerin
Nur Stellen mit folgenden Begriffe: Fitness, Gesundheit, Musik
Nur Stellen ohne folgende Begriffe: Senioren
Postleitzahl: 51063
Ort: Köln
Region: Nordrhein-Westfalen
Umkreis: 50 km

WS 2. f, 3. b, 4. a, 5. d, 6. e

BS 2. der Suchbegriff, 3. der Anrufbeantworter, 4. die Lernbereitschaft, 5. die Bestellliste, 6. die Fahrkarte, 7. der Lieferservice, 8. die Sprechstunde

LE 2. c, 3. c, 4. a, 5. c, 6. a, 7. b, 8. a

4a 1. C, 2. A, 3. B, 4. F, 5. D, 6. E

4b 1. a, 2. b, 3. b, 4. a, 5. b, 6. a

WS 2. d, 3. f, 4. a, 5. c, 6. e

BS 2. Das Programm wird gestartet. 3. Die Internetverbindung wird hergestellt. 4. Die Anlagen werden gespeichert. 5. Das Dokument wird gelöscht. 6. Der Lebenslauf wird hochgeladen.

SCH 22.03.20...
Bewerbung auf das Stellenangebot ...
Sehr geehrte Damen und Herren,
ich schreibe auf Ihr Stellenangebot in der Jobbörse der Arbeitsagentur. Die Stelle interessiert mich sehr, weil sie sehr gut zu meinen beruflichen Erfahrungen und zu meinen Fähigkeiten passt. Ich habe 20... meine Ausbildung als Gymnastiklehrerin an der Berufsfachschule ... abgeschlossen. Dann habe ich drei Jahre im Fitnesscenter ... gearbeitet. Ich liebe es, mit Menschen zu arbeiten, bin motiviert und aufgeschlossen. Sport ist ein wichtiger Teil meines Lebens. Ihr Unternehmen interessiert mich seit langer Zeit, weil bei Ihnen auch Tanz und Musik groß geschrieben sind. Ich kann zum 01.04.20... anfangen. Über eine Einladung zu einem persönlichen Vorstellungsgespräch würde ich mich sehr freuen.
Mit freundliche Grüßen
...

Kapitel 6

1a 1. b, 2. b

1b 1. Arbeitszeit, 2. Arbeitsschutz + Gesundheitsschutz, 3. Lohn, 4. Personal, 5. Ordnung im Betrieb, 6. Gleichstellung, 7. Arbeitnehmer/innen mit Migrationshintergrund

1c 2. Gleichstellung, 3. Arbeitnehmer/innen mit Migrationshintergrund, 4. Personal, 5. Arbeitsschutz + Gesundheitsschutz, 6. Ordnung im Betrieb, 7. Arbeitszeit

1d 2. d, 3. a, 4. e, 5. b

WS (1) Arbeitsbelastung, (2) Personal, (3) Betriebsklima, (4) Gleichstellung, (5) Urlaubsgeld

BS 2. 78, 3. Mitarbeitergespräche, 4. 70, 5. Weiterbildung, 6. 61

SCH Beispiellösung:
Hallo ...,
ich war bei einem Vortrag von unserer Betriebsrätin. Das wichtigste Thema für mich war die Gleichstellung, denn ich habe nicht das Gefühl, dass in meiner Firma Männer und Frauen die gleichen Rechte haben.
Gibt es in deiner Firma auch einen Betriebsrat?
Viele Grüße ...

2a A 2, B 1, C 4, D 6, E 5, F 3

2b b

2c 2. keinen, 3. müssen, 4. dürfen nicht, 5. nicht erlaubt, 6. darf

2d nach meinen Rechten fragen: Kann die Firma mich zwingen ...? Habe ich einen Anspruch auf ...? Muss mein Vorgesetzter akzeptieren, dass ...? Darf ich ...?
nach meinen Pflichten fragen: Muss ich ...? Bin ich verpflichtet ...? Ist es meine Pflicht ...? Gehört es zu meinen Aufgaben ...? Kann der Chef von mir verlangen ...?

WS 1. Pausen, 2. Rechte, Pflichten, 3. Betriebsgeheimnisse, 4. Vorgesetzten, 5. Schwangerschaft, 6. Pflichten

STR 2. Der Arbeitgeber kann von Ihnen nicht verlangen, unbezahlt zu arbeiten. 3. Ist es meine Pflicht, die Tür abzuschließen? 4. Kann mich die Firma zwingen, am Sonntag zu arbeiten? 5. Jeder ist verpflichtet, auf den Arbeitsschutz zu achten.

BS 3. Überstunden sind aufzuschreiben. 4. Die Werkstatt ist sauber zu halten. 5. Bei der Arbeit ist Schutzkleidung zu tragen. 6. E-Mails sind am selben Tag noch zu beantworten. 7. Die Anweisungen sind zu beachten.

SCH Beispiellösung:
Sehr geehrte Frau Kern,
ich war bei Ihrem Vortrag über Rechte und Pflichten. Ich fand Ihre Präsentation sehr interessant. Ich würde gerne mit Ihnen sprechen, denn ich muss auch im Urlaub ständig erreichbar sein. Ich hätte gerne einen Termin bei Ihnen. Wann hätten Sie Zeit?
Mit freundlichen Grüßen ...

3a 2. h, 3. b, 4. c, 5. e

3b 1. Die Mitarbeiter in der Kundenbetreuung sind überlastet, weil zwei Mitarbeiter schon lang krank sind und die anderen die Arbeit übernehmen. 2. Die Mitarbeiter wollen, dass der Vertrag einer Kollegin verlängert wird. 3. Das Problem des Auszubildenden ist es, dass er nichts Sinnvolles lernt und immer nur aufräumen muss. 4. Frau Kern soll mit Herrn Krüger sprechen, weil er seine Kolleginnen sexuell belästigt. 5. Almut Meier möchte genauso viel Gehalt bekommen wie ihr Kollege, der dieselbe Arbeit verrichtet.

WS (2) Gehalt, (3) gerecht, (4) Pausenregelung, (5) Belästigung, (6) Diskriminierung

LVW 2. viel Arbeit, 3. gering, 4. wenig Zeit, 5. wenige, 6. geringe Zahl

BS höher werden: verbessern, steigen, zunehmen, sich vergrößern, mehr werden,
niedriger werden: weniger werden, abnehmen, sich verkleinern, sich verschlechtern, sinken

4a 1. –, 2. +, 3. –, 4. +, 5. +, 6. –, 7. –, 8. +, 9. –, 10. +

4b 2. M, 3. B, 4. M, 5. B, 6. M, 7. B, 8. M

WS 2. a, 3. e, 4. c, 5. d

LVW 1. einen Lohn, 2. ein Gehalt

BS 1. der Mutterschutz, 2. der Geburtstermin, 3. der Kündigungsschutz, 4. die Elternzeit, 5. das Elterngeld

LE a 1. b, 2. c, 3. a, 4. c, 5. b, 6. a

LE b 1. Eltern können bis zu drei Jahren Elterngeld bekommen. 2. Das Elterngeld beträgt mindesten 300 € und maximal 1800 € im Monat. 3. Wenn die Eltern mehr als 500 000 € im Jahr verdienen, bekommen sie kein Elterngeld.

Kapitel 7

1b 2. C, 3. F, 4. E, 5. D, 6. B

1c 1., 2., 3., 4

1d 1. Anlagenmechaniker, 2. der Einbau von Waschbecken, Badewannen, Duschkabinen und Toiletten. 3. sauberes Trinkwasser aus der Leitung kommt. 4. mit Rohren aus Metall oder Kunststoff. 5. die Beratung. 6. Kein Tag ist wie der andere! 7. gut mit Werkzeugen umgehen kann und handwerklich geschickt ist.

WS 2. Armatur, 3. Rohre, 4. Abwasser, Trinkwasser, 5. Fußbodenheizung, 6. Klimaanlage, 7. Boiler

WB der Abfluss, heizen, montieren, die Reparatur, warten, die Sanierung, anlegen, die Installation, anschließen

BS 2. Armaturen installieren, 3. Wasserleitung einbauen, 4. Klimaanlage warten, 5. Fußbodenheizung verlegen, 6. Solaranlage montieren, 7. Kunde beraten

SCH Beispiellösung:
Ich bin Verkäufer bei ...
Montag: Waren verkaufen, Kunden beraten
Dienstag: Regale einräumen
Mittwoch: fehlende Produkte nachbestellen
Donnerstag: neue Ware annehmen und auszeichnen
Freitag: Waren verkaufen, Waren sortieren

2a Herr Melzer möchte eine Fußbodenheizung für seinen Gärtnereibetrieb im Verkaufs- und Pausenraum. Die Firma Bollm bietet ihm eine Fußbodenheizung inklusive Materialkosten, Anfahrtskosten, Lieferung und Einbau für 8.290 € an.

2b 1. b, 2. b, 3. a, 4. b

2c Bonn, den 04.08.20...
Sehr geehrter Herr Bollm,
ich habe Ihre Anzeige im Internet gefunden. Unsere Firma will die Teeküche für das Personal renovieren lassen. In der neuen Teeküche brauchen wir neue Armaturen für die Spüle und einen neuen Boiler. Können Sie uns ein Angebot machen? Bitte schicken Sie uns einen Produktkatalog und eine Preisliste.
Mit freundlichen Grüßen
Anna Stoll

WS 2. d, 3. b, 4. a

BS 2. Anfrage, 3. Kostenvoranschlag, 4. Dateianhang, 5. Auftraggeber, 6. Produktbeschreibung

SCH a (2) c, (3) f, (4) d, (5) a, (6) g, (7) e

SCH b Beispiellösung:
22.03.20...
Sehr geehrter Herr Haddat,
ich habe Ihre Anzeige in einer Zeitung gesehen. Meine Firma möchte für die Geschäftsräume ein neues Kunden-WC mit Toilette, Waschbecken und Spiegel. Könnten Sie uns ein Angebot machen? Bitte schicken Sie auch einen Produktkatalog.
Mit freundliche Grüßen ...

3a A: Sehr geehrter Herr Bollm, Mit freundlichen Grüßen Torsten Melzer, B: Sehr geehrter Herr Melzer, Mit freundlichen Grüßen Matthias Bollm

3b 2. F, 3. R, 4. R, 5. F

WS 2. die Auftragsbestätigung, 3. das Bauvorhaben, 4. der Terminvorschlag

STR (2) die, (3) den, (4) in dem, (5) mit dem, (6) die

BS Auftraggeber/in: einen Auftrag erteilen, um einen Kostenvoranschlag bitten, ein Angebot anfordern, einen Auftrag geben, nach einem Rabatt fragen, einen Auftrag bestätigen
Auftragnehmer/in: einen Kostenvoranschlag machen, einen Auftrag ablehnen, ein Angebot machen, einen Produktkatalog schicken

LE a 1. Anfrage, 2. Angebot, 3. Auftragserteilung, 4. Auftragsbestätigung

LE b 2. Auftragserteilung, 3. Auftragserteilung, 4. Angebot, 5. Anfrage, 6. Auftragsbestätigung, 7. Anfrage

4a Die Temperatur der Fußbodenheizung lässt sich nicht mehr regeln. Herr Melzer möchte, dass diese bis zum 12.02. repariert wird.

4b 1. Herr Melzer beschwert sich bei Herrn Bollm. 2. Die Temperatur der Fußbodenheizung lässt sich nicht mehr regeln. 3. Er verlangt, dass die Heizung repariert wird. 4. Die Heizung soll bis zum 12.02. repariert werden.

4c (2) Absender, (3) Ort und Datum, (4) Betreff, (5) Anrede, (6) Einleitung, (7) Beschreibung des Problems, (8) Forderung und Frist, (9) Gruß, (10) Unterschrift

4d Beispiellösung:
Kaiserslautern, 09.02.20...
Reklamation: Neue Heizung ist schon kaputt.
Sehr geehrter Herr Bollm,
am 26.02.20... haben Sie bei uns eine neue Heizung in der Küche eingebaut. Leider ist die Heizung schon kaputt. Wir vermuten, dass der Thermostat kaputt ist. Bitte rufen Sie mich bis morgen an und verabreden einen Reparaturtermin.
Mit freundlichen Grüßen ...

WS 2. d, 3. a, 4. e, 5. b

BS 2. Heizung falsch installiert, 3. Solaranlage falsch montiert, 4. Armaturen falsch installiert, 5. Fußbodenheizung nicht gewartet

STR 2. Es tut uns leid, dass Ihre Heizung nicht funktioniert.
3. Wir vermuten, dass der Thermostat kaputt ist.
4. Wir sehen uns den Schaden so schnell wie möglich an.
5. Bitte rufen Sie uns wegen eines Reparaturtermins an.

SCH Sehr geehrter Herr ...,
wir haben Ihre Reklamation vom 25.06. erhalten. Es tut uns leid, dass der Abfluss Ihres neuen Badezimmers nicht funktioniert. Wir vermuten, dass das Rohr nicht korrekt angeschlossen ist. Wir möchten uns den Schaden so schnell wie möglich ansehen. Bitte machen Sie uns einen Terminvorschlag,
Mit freundlichen Grüßen
...

Kapitel 8

1b 1. Ja. 2. Es geht. 3. Ja, 4. Ja. 5. Ja. 6. Ja. 7. Es geht. 8. Es geht. 9. Nein. 10. Nein. 11. Es geht.

WS (2) Unternehmertyp, (3) Unsicherheit, (4) Einkommen, (5) Startkapital, (6) Führungserfahrung

STR Beispiellösung: 2. Sie ist gewohnt, für viele zu kochen. 3. Er hofft bei dem Kurs an der VHS viel Neues zu lernen. 4. Bei ihrem neuen Job hat Fatma die Möglichkeit, viel Geld zu verdienen.

BS 2. machen, 3. haben, 4. aushalten, 5. sammeln

LE Beispiellösung:
Lieber Hairi,
ich habe den Online-Test „Sind Sie ein Unternehmertyp?“ gemacht. Ich hatte 14 Punkte. Das bedeutet, dass es nicht sicher ist, ob ich gut als Selbstständiger arbeiten kann. Ich soll vielleicht besser angestellt bleiben. Und ich soll mich weiter informieren und beraten lassen. Was meinst du? Was soll ich machen?
Liebe Grüße
Bruno

2a 1. Bruno will Computer reparieren und sich damit selbstständig machen. 2. Seine zukünftigen Kunden sind Privatpersonen, die Probleme mit ihrem PC haben. 3. Der Experte empfiehlt ihm eine Gründungsberatung und ein Existenzgründungsseminar zu besuchen.

2b 1. c, 2. c

2c 1. g, 2. d, 3. b, 4. c, 5. a, 6. f, 7. e

WS 2. a, 3. e, 4. g, 5. d, 6. b, 7. f

LE 1. a, 2. b

BS a 2. der angeschaffte PKW, 3. die erwarteten Gewinne, 4. ein angebotenes Seminar, 5. häufig gestellte Fragen

BS b 2. realisierbar, 3. lesbar, 4. erreichbar, 5. sichtbar

3a Beispiellösung: Was bietet die Konkurrenz an? Gibt es eine Marktlücke? Was ist das Besondere an meinem Angebot? Was wollen die Kunden? / Wer sind meine Kunden?

3b 1. PC-Löwe ist am günstigsten bei kürzeren Servicearbeiten. Ab 2 Stunden ist dir Firma H. Kurosh am günstigsten. 2. Die Firma H. Kurosh und die Computer-Hilfe kommen ins Haus. 3. PC-Löwe und Computer-Hilfe reparieren einen PC aus der Ferne. 4. Die Firma H. Kurosh und die Computer-Hilfe gestalten Seiten im Internet. 5. Tag und Nacht erreichbar ist die Computer-Hilfe. 6. Keiner der Konkurrenten berät zu Smartphone-Sicherheit.

WS a (2) Hotline, (3) Notdienst, (4) Fernwartung, (5) Vor-Ort-Service

WS b 2. a, 3. g, 4. b, 5. c, 6. e, 7. f

BS Beispiellösung: 2. Besondere, 3. Interessante, 4. Schlechte, 5. Gute, 6. Schöne

SCH Liebe Leute, ich schreibe euch hier, weil ich mich selbstständig machen möchte. Meine Geschäftsidee ist es, eine Computerreparatur zu eröffnen. Habt ihr häufig PC-Probleme? Welche Erwartungen habt ihr an einen PC-Service? Habt ihr Tipps für mich für die Gründung?
Liebe Grüße
Bruno

4a Anzeige B

4b 1. Die Veranstaltung „Kaufmännisches Basiswissen für Existenzgründer" dauert am längsten. 2. Im Gründungsideen-Workshop bekommt man Ideen für die Gründung. 3. Bei der Veranstaltung „Kaufmännisches Basiswissen für Existenzgründer" bekommt man ein Zertifikat.

WS b 2. die öffentlichen Fördermittel, 3. die Steuer, 4. der Seminarort, 5. die Materialien, 6. das Zertifikat

BS 2. c, 3. f, 4. a, 5. d, 6. e, 7. g

SCH Sehr geehrte Damen und Herren,
ich habe Ihre Anzeige für den Gründungsideen-Workshop gesehen. Ich möchte mich selbstständig machen und habe ein paar Fragen an Sie. Wann findet der Workshop statt und wie lange dauert er? Wie viel kostet der Workshop und wie viele können daran teilnehmen?
Mit freundlichen Grüßen
...

Testtraining

Leseverstehen, Teil 1 1. d, 2. a, 3. h, 4. e, 5. b
Leseverstehen, Teil 2 6. b, 7. c, 8. c, 9. a, 10. b
Leseverstehen, Teil 3 11. e, 12. l, 13. k, 14. h, 15. d, 16. g, 17. a, 18. x, 19. f, 20. c
Sprachbausteine, Teil 1 21. c, 22. b, 23. c, 24. b, 25. b, 26. c, 27. b, 28. a, 29. c, 30. b
Sprachbausteine, Teil 2 31. e, 32. a, 33. m, 34. n, 35. d, 36. b, 37. i, 38. f, 39. l, 40. k
Hörverstehen, Teil 1 41. – 42. +, 43. +, 44. +, 45. –
Hörverstehen, Teil 2 46. +, 47. +, 48. –, 49. –, 50. –, 51. –, 52. +, 53. –, 54. +, 55. +
Hörverstehen, Teil 3 56. –, 57. +, 58. +, 59. +, 60. +
Schriftlicher Ausdruck
26.09.20...
Sehr geehrte Damen und Herren,
ich habe Ihre Annonce im Internet gesehen. Meine Firma, ein mittelgroßes Autohaus, möchte neue Werbebroschüren drucken. Die Werbebroschüren beinhalten vier Seiten mit verschiedenen Fotos. Können Sie uns ein Angebot machen, für 500 / 1000 / 5000 Stück? Wann könnten Sie die Broschüren liefern?
Vielen Dank schon jetzt für Ihre Rückmeldung.
Mit freundlichen Grüßen
...

Quellen

Bundesagentur für Arbeit Nürnberg: © Bundesagentur für Arbeit S. 38: 1, S. 62: 1, S. 73: 3; **Dörre Fotodesign** München: (Hermann Dörre) S. 4: 2, S. 6: 1, S. 8: alle, S. 10: 1, S. 26: alle, S. 48: 1, S. 56: 2, S. 67: alle; **iStockphoto** Calgary, Alberta: (Steve Debenport) S. 12: 7, (Juanmonino) S. 12: 8, (Steve Debenport) S. 14: 1, (asiseeit) S. 16: 1, (Steve Debenport) S. 18: 1, (Jovanmandic) S. 20: 1, (YanC) S. 21: 1, (Floortje) S. 30: 6; **Shutterstock** New York: (GWImages) S. 4: 1, (Andrey_Popov) S. 4: 3, (Rafal Olechowski) S. 4: 4, (zoff) S. 4: 5, (wsf-s) S. 5: 1, (nikkytok) S. 5: 2, (Anna_Kuzmina) S. 5: 3, (zloitapok) S. 9: 1, (Botond1977) S. 9: 2, (evgeniykleymenov) S. 9: 3, (d1sk) S. 9: 4, (Rafal Olechowski) S. 10: 2, (Rob kemp) S. 11: 1, (WAYHOME studio) S. 11: 2, (Indypendenz) S. 11: 3, (Tyler Olson) S. 12: 1, (Nestor Rizhniak) S. 12: 2, (ALPA PROD) S. 12: 3, (sirtravelalot) S. 12: 4, (multiz12) S. 12: 5, (moreimages) S. 12: 6, (Anton Malina) S. 13: 1, (Africa Studio) S. 13: 2, (Dalibor Sevaljevic) S. 13: 3, (M Light Zone) S. 13: 4, (PicItUp) S. 14: 2, (Mallinka1) S. 14: 3, (PicItUp) S. 14: 4, (Oleksandr Lysenko) S. 15: 1, (Elena Schweitzer) S. 15: 2, (Robert Kneschke) S. 15: 3, (Makistock) S. 15: 4, (Tiko Aramyan) S. 17: 1, (golubovystock) S. 19: 1, (BravissimoS) S. 19: 2, (ASMSmirMax) S. 19: 3, (Gang Liu) S. 19: 4, (StellaL) S. 19: 5, (flower travelin' man) S. 21: 2, (OZMedia) S. 21: 3, (Rido) S. 22: 1, (ESB Professional) S. 24: 1, (StockLite) S. 27: 1, (alicja neumiler) S. 29: 3, (PetraMenclovaCZ) S. 29: 4, (Dmitrijs Dmitrijevs) S. 29: 6, (vilax) S. 29: 7, (Redsapphire) S. 29: 8, (Flegere) S. 30: 1, (ElephantCastle) S. 30: 2, (Tharin Sinlapachai) S. 30: 3, (terekhov igor) S. 30: 4, (Vadarshop) S. 30: 5, (Butterfly Hunter) S. 30: 7, (Constantine Pankin) S. 30: 8, (Andrew Burgess) S. 30: 9, (Nakornthai) S. 30: 10, (VitaminCo) S. 30: 11, (VitaminCo) S. 30: 12, (Clint Westwood) S. 31: 1, (alicja neumiler) S. 31: 2, (Dragomir Radovanovic) S. 31: 3, (Jira Po) S. 31: 4, (TTstudio) S. 31: 5, (Fotokostic) S. 31: 6, (JP Chretien) S. 32: 1, (Elena Masiutkina) S. 32: 3, (bastetamon) S. 32: 4, (Komissar007) S. 32: 5, (Komissar007) S. 32: 6, (Mile Atanasov) S. 34: 2, (Natthapenpis Jindatham) S. 35: 1, (Tanyapoorin) S. 35: 2, (Sicco Hesselmans) S. 35: 3, (Yevhen Prozhyrko) S. 35: 4, (wavebreakmedia) S. 36: 1, (wasiliyg) S. 36: 2, (MD Delwar hossain) S. 36: 3, (Andi Muhammad Hasbi H) S. 36: 4, (Aha-Soft) S. 36: 5, (uchenik) S. 36: 6, (Sinisa Botas) S. 37: 2, (Iakov Filimonov) S. 38: 2, (Antonio Guillem) S. 40: 1, (fizkes) S. 42: 1, (Suwan Waenlor) S. 43: 1, (mariakraynova) S. 44: 1, (Phovoir) S. 46: 1, (jgolby) S. 46: 2, (Olena Hromova) S. 46: 3, (Good Mood) S. 46: 4, (Zurijeta) S. 46: 5, (Diego Cervo) S. 46: 6, (XiXinXing) S. 50: 1, (Dagmara_K) S. 52: 1, (Africa Studio) S. 52: 2, (Africa Studio) S. 52: 4, (franco lucato) S. 52: 5, (pan_kung) S. 52: 6, (Africa Studio) S. 52: 7, (Imagentle) S. 53: 1, (Naypong) S. 53: 2, (Aksenenko Olga) S. 53: 3, (Golden Sikorka) S. 53: 4, (Africa Studio) S. 54: 1, (keport) S. 55: 1, (Phovoir) S. 56: 1, (Olivier Le Moal) S. 59: 1, (Phovoir) S. 59: 2, (Phovoir) S. 60: 1, (Monkey Business Images) S. 60: 2, (wrangler) S. 61: 1, (Monkey Business Images) S. 63: 1, (Phovoir) S. 64: 1, (ProStockStudio) S. 64: 2, (vgstudio) S. 65: 1, (Phovoir) S. 66: 1, (Christos Georghiou) S. 72: 1, (Dobo Kristian) S. 72: 2, (BhanuBhadrika) S. 73: 1, (Black creater) S. 73: 2, (TrifonenkoIvan) S. 73: 4, (santypan) S. 79: 1, (Maurizio Milanesio) S. 79: 2, (Nestor Rizhniak) S. 79: 3, (Dragon Images) S. 79: 4, (stockfour) S. 79: 5, (ESB Professional) S. 79: 6; **stock adobe com** Dublin: (bluedesign) S. 37: 1; **Thinkstock** München: (ipopba) S. 29: 1, (kazoka30) S. 29: 2, (SupernanPhoto) S. 29: 5, (Elenathewise) S. 32: 2, (KariHoglund) S. 52: 3